동화로 만나는
프랑스자수

동화로 만나는 프랑스자수

초판 1쇄 발행   2017년 3월 30일
초판 3쇄 발행   2019년 12월 31일

지은이   박성희
사 진   이철희
펴낸이   한승수
펴낸곳   티나

편 집   조예원
마케팅   안치환
디자인   이혜정

등록번호   제2016-000080호
등록일자   2016년 3월 11일

주 소   서울특별시 마포구 연남동 565-15 지남빌딩 309호
전 화   02 338 0084
팩 스   02 338 0087
E-mail   hvline@naver.com

ISBN   979-11-957650-3-4 13590

＊한국출판문화산업진흥원의 출판콘텐츠 창작자금을 지원받아 제작되었습니다.

＊책값은 뒤표지에 있습니다.
＊잘못된 책은 구입처에서 교환해드립니다.

(CIP제어번호 : CIP2017004913)

동화로 만나는

수록의
프랑스자수
아틀리에
SUROCK'S ATELIER

박성희 지음

티나

Prologue

자수는 동화 속 요정이 갖고 있는 요술봉 같습니다.
그저 평범한 양말 한짝, 당근 하나가
수로 놓이면 호박이 황금마차로 변하는 것처럼
특별하고도 예쁜 매력을 지니게 되거든요.

실로 그리는 그림의 매력에 빠져들면서
오래전부터 꼭 한번 수놓아보고 싶던 '동화'.
어렸을 적 읽은 누구나 다 아는 동화의 한 장면들을
자수로 표현해보는 작업은
동화 속 주인공들을 실제로 만나보는 것처럼
마음 설레고 신나는 경험이었습니다.

어른이 되었어도 여전히 친숙한 동화 속 친구들을 수놓아보며
동심의 세계로 잠시 떠나보면 어떨지요.

2017년 봄, 수록

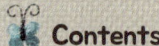 **Contents**

PART 1

자수에 필요한 재료와 도구 ··· 41

자수원단 | 자수실 | 자수바늘 | 자수가위 | 수성펜
화이트펜 | 수틀 | 먹지 | 트레이싱지 | 철필

PART 2

이 책에 사용한 자수 스티치 기법 ··· 47

PART
3

자수 작품
수놓기 ··· 71

특별
부록

표지 제목
자수 ··· 205

Hansel and Gretel
헨젤과 그레텔

사용한 실

25번사

앵커 : 8, 13, 25, 35, 74, 88, 241, 245, 266, 275, 301, 304, 305, 310, 368, 369, 371, 376, 378, 381, 862, 926, 1010, 1047, 1089, 흰색

복합사 : 4040

사용한 스티치

- 레이지데이지 스티치
- 롱앤숏 스티치
- 백 스티치
- 버튼홀 스티치
- 새틴 스티치
- 스트레이트 스티치
- 스파이더웹로즈 스티치
- 스플릿 스티치
- 씨드 스티치
- 아웃라인 스티치
- 체인 스티치
- 카우칭 스티치
- 프렌치넛 스티치
- 휘프트체인 스티치

Little Red Riding Hood

빨간 모자

사용한 실	사용한 스티치
25번사 앵커 : 8, 13, 22, 239, 308, 351, 401 복합사 : 4140	• 레이지데이지 스티치 • 백 스티치 • 새틴 스티치 • 스트레이트 스티치 • 스플릿 스티치 • 아웃라인 스티치 • 체인 스티치 • 카우치드트레리스 스티치 • 프렌치넛 스티치 • 플라이 스티치

The Wizard of OZ

오즈의 마법사

사용한 실	사용한 스티치
25번사 앵커 : 9, 11, 243, 401, 926, 검정색, 흰색 DMC : 4010 **메탈릭사** DMC E321	• 롱앤숏 스티치 • 백 스티치 • 버튼홀 스티치 • 새틴 스티치 • 스플릿 스티치 • 아웃라인 스티치 • 체인 스티치

The Giving Tree

아낌없이 주는 나무

사용한 실	사용한 스티치
25번사 앵커 : 35, 121, 122, 178, 258, 266, 306, 311, 340, 352, 369, 378, 401, 926, 1048 DMC : 817, 3820 복합사 : 4190	• 레이지데이지 스티치 • 롱앤숏 스티치 • 백 스티치 • 새틴 스티치 • 스트레이트 스티치 • 아웃라인 스티치 • 체인 스티치 • 프렌치넛 스티치 • 플라이리프 스티치

The Little Prince

어린 왕자

사용한 실	사용한 스티치
25번사 앵커 : 227, 238, 278, 279, 301, 306, 311, 339, 360, 368, 379, 392, 401, 854, 874, 926, 1046, 1047, 흰색 DMC : 308, 329, 333, 350, 3820	• 롱앤숏 스티치 • 백 스티치 • 새틴 스티치 • 스트레이트 스티치 • 스플릿 스티치 • 아웃라인 스티치 • 프렌치넛 스티치 • 휘티어 스티치

어린 왕자 - 바오밥나무

사용한 실	사용한 스티치
25번사 앵커 : 268, 352, 360, 923 DMC : 470, 471, 702	• 백 스티치 • 카우칭 스티치

어린 왕자 - 보아뱀

사용한 실	사용한 스티치
<u>25번사</u> 앵커 : 399, 401, 1048	• 백 스티치 • 버튼홀 스티치 • 아웃라인 스티치 • 프렌치넛 스티치

Swan Lake

백조의 호수

사용한 실	사용한 스티치
25번사 앵커 : 127, 290, 291, 351, 1047 DMC : 3855 **로사울사** Mint 10, Sky 3, 흰색 **발다니사** M43 **은사** **메탈릭사** DMC E818	• 레이지데이지 스티치 • 롱앤숏 스티치 • 백 스티치 • 새틴 스티치 • 아웃라인 스티치 • 프렌치넛 스티치

브레멘 음악대

사용한 실	사용한 스티치

사용한 실

<u>25번사</u>
앵커 : 22, 256, 290, 292, 301, 308,
310, 316, 326, 340, 382, 399, 401,
922, 1047, 1048, 흰색
DMC : 817

<u>은사</u>

사용한 스티치

- 롱앤숏 스티치
- 백 스티치
- 새틴 스티치
- 스트레이트 스티치
- 씨드 스티치
- 아웃라인 스티치
- 체인 스티치
- 프렌치넛 스티치

빨강머리 앤

사용한 실	사용한 스티치
25번사 앵커 : 401, 1039, 흰색 DMC : 817	· 레이지데이지 스티치 · 백 스티치 · 새틴 스티치 · 스트레이트 스티치 · 아웃라인 스티치 · 체인 스티치 · 트위스티드체인 스티치 · 프렌치넛 스티치 · 플라이 스티치

Anne of Green Gables

빨강머리 앤

사용한 실	사용한 스티치
25번사 앵커 : 11, 401, 흰색 **로사울사** 흰색	• 레이지데이지 스티치 • 백 스티치 • 스트레이트 스티치 • 씨드 스티치 • 아웃라인 스티치 • 프렌치넛 스티치 • 플라이 스티치 • 플랫 스티치

Cinderella
신데렐라

사용한 실	사용한 스티치

5번사
7001

25번사
앵커 : 흰색
DMC : B5200

금사

은사

메탈릭사
DMC E818

로사울사
흰색

- 레이지데이지 스티치
- 백 스티치
- 새틴 스티치
- 서클버튼홀 스티치
- 스트레이트 스티치
- 스파이더웹로즈 스티치
- 스플릿 스티치
- 아웃라인 스티치
- 트위스티드체인 스티치
- 프렌치넛 스티치

라푼젤

사용한 실	사용한 스티치
25번사 앵커 : 6, 10, 245, 254, 256, 264, 268, 292, 301, 302, 401, 874, 879, 흰색 복합사 : 1202, 1215	• 레이지데이지 스티치 • 백 스티치 • 스트레이트 스티치 • 스파이더웹로즈 스티치 • 아웃라인 스티치 • 체인 스티치 • 프렌치넛 스티치 • 플라이 스티치 • 플라이리프 스티치

이상한 나라의 앨리스

사용한 실	사용한 스티치
25번사 앵커 : 9, 11, 75, 76, 149, 150, 152, 185, 187, 189, 266, 269, 275, 279, 306, 311, 313, 399, 401, 869, 1089, 1090, 검정색 DMC : 817	• 롱앤숏 스티치 • 백 스티치 • 새틴 스티치 • 스트레이트 스티치 • 스플릿 스티치 • 아웃라인 스티치 • 프렌치넛 스티치 • 플랫 스티치

피노키오

사용한 실	사용한 스티치

25번사
앵커 : 122, 255, 261, 275, 351, 352, 360, 369, 378, 392, 401, 1042, 검정색
DMC : 323, 349
복합사 : 4190, 4500

- 백 스티치
- 새틴 스티치
- 스트레이트 스티치
- 아웃라인 스티치
- 체인 스티치
- 프렌치넛 스티치
- 플라이 스티치
- 플라이리프 스티치

The Nutcracker
호두까기 인형

사용한 실	사용한 스티치
25번사 앵커 : 90, 102, 133, 178, 227, 264, 369, 401, 410, 874, 926, 검정색, 흰색 DMC : 349, 350, 704, 3820 금사 은사	• 롱앤숏 스티치 • 백 스티치 • 새틴 스티치 • 스트레이트 스티치 • 스파이더웹로즈 스티치 • 아웃라인 스티치 • 체인 스티치 • 카우치드트레리스 스티치 • 트위스티드체인 스티치 • 프렌치넛 스티치 • 플라이 스티치 • 플라이리프 스티치

The Little Mermaid
인어공주

사용한 실	사용한 스티치

25번사

앵커 : 10, 11, 13, 20, 25, 131, 149, 152, 158, 187, 243, 245, 258, 265, 266, 278, 292, 303, 305, 311, 326, 335, 352, 381, 401, 410, 869, 870, 872, 873, 923, 흰색

DMC : 817, 988, 3825

- 레이지데이지 스티치
- 백 스티치
- 스트레이트 스티치
- 스파이더웹로즈 스티치
- 씨드 스티치
- 아웃라인 스티치
- 프렌치넛 스티치
- 플라이리프 스티치
- 플랫 스티치

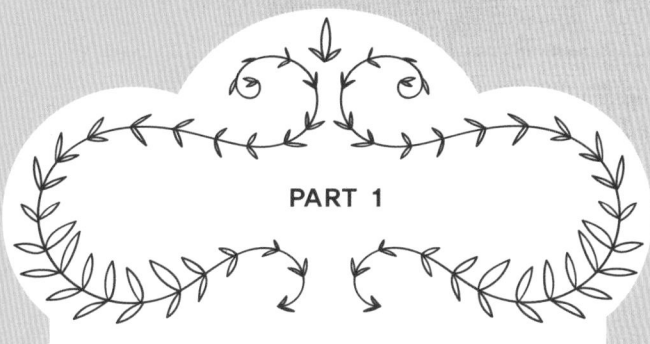

PART 1

자수에 필요한
재료와 도구

🪡 자수원단 ●──────────────●

자수용 원단으로는 리넨,
무명, 광목을 많이 사용
합니다. 세탁 후 수축현
상을 방지하기 위해서는
수놓기 전 미리 세탁한
후 사용하면 좋습니다.

🪡 자수실-로사울사 ●──────────────●

폭신하고 보송보송하고 따뜻
한 털실 느낌이 나며 입체감
을 살리기에 좋습니다.

🪡 자수실-금사·은사·메탈릭사 ●──────────────●

면사에 비해서는 다소 사용하기 까다롭지만 특별한
느낌이나 포인트를 주고 싶을 때 사용하면 좋습니다.

자수실은 면사, 모사, 리넨사 등 종류가 다양하며 숫자가 커질수록 실의 굵기가 가늘어집니다.

🧵 자수실-25번사

십자수실이라고 부르는 면사로 자수에서 가장 많이 사용하는 실입니다.
여섯 가닥으로 되어 있어 필요한 가닥만큼 뽑아내어 실의 굵기를 조절할 수 있습니다.
(DMC 25번사도 많이 사용합니다. DMC 자수실은 좀 더 광택이 나고 앵커 자수실은 좀 더
선명한 느낌이 납니다. 이 책에서는 앵커 자수실을 주로 사용했지만 DMC 자수실로 비슷한 색
계열의 실을 사용해도 됩니다.)

🧵 자수실-25번 복합사(베리에이션사)

여러 가지 색상이 염색된 면사로 한 개의 실로 여러 가지
색감을 표현할 수 있습니다.

🎀 화이트펜

어두운 색의 원단에 도안을
그릴 때 사용하고 열에 의해
지워지므로 뒷면에서 다림질
하거나 드라이어의 뜨거운 바
람으로 지울 수 있습니다.

🎀 먹지

문구점에서 구입할 수 있는 일반
먹지는 저렴하고 여러 번 사용할
수 있고 도안을 대고 그리기에
편리하나 잘 지워지지 않는 단
점이 있습니다. 수성용 먹지는
세탁하면 자국을 지울 수 있으
나 가격이 비싸고 두꺼운 원단
에는 도안 그리기가 어렵고 색
이 흐린 단점이 있습니다.

🎀 자수바늘

자수바늘은 호수가 작을수록 가늘
고 클수록 바늘귀가 크고 굵어집
니다. 원단의 두께와 실의 굵기에
맞추어 사용합니다.

🧵 수틀

원목 수틀은 플라스틱 수틀에 비해 원
단이 미끄러지지 않고 지름 15cm 이내
의 사이즈가 사용하기에 편리합니다.

🧵 자수가위

원단을 자를 때 사용하는 원단가위와
자수실을 자를 때 사용하는 쪽가위로
구분해 사용하면 편리합니다.

🧵 트레이싱지

도안을 옮겨 그릴 때 사용하는 투명한
종이로 기름종이라고도 합니다. 너무
얇은 것보다는 두께가 있는 것이 사용
하기 좋습니다.

🧵 철필

'스타일러스'라고도 하며 먹지에 대고 도안을
그릴 때 사용합니다. 못 쓰는 볼펜을 사용해도
됩니다.

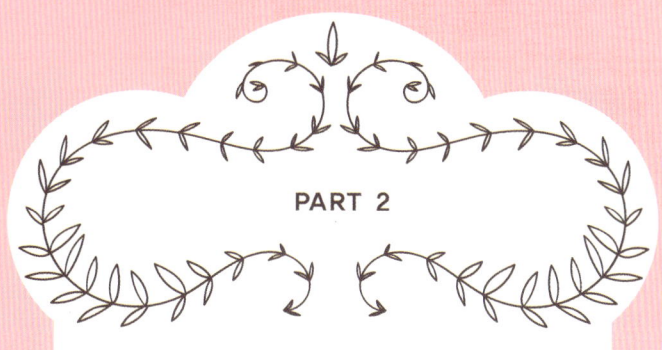

PART 2

이 책에
사용한
자수 스티치
기법

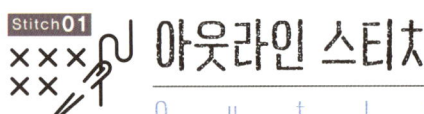

Stitch 01 아웃라인 스티치
Outline Stitch

도안선의 왼쪽 지점에서 바늘을 뺍니다.

두 땀만큼 꽂은 후 중간 지점까지 바늘을 떠줍니다.

바늘을 빼줍니다.

한 땀만큼 꽂은 후 앞의 땀 끝 지점까지 바늘을 떠줍니다.

반복해줍니다.

여러 번 반복한 모습입니다.

〈인어공주〉
194p

48

백 스티치
B a c k S t i t c h

바늘을 뺍니다.

한 땀을 꽂은 후 다음 땀까지 떠줍니다.

바늘을 빼줍니다.

앞의 땀 끝 지점에 바늘을 꽂은 후 다음 땀까지 떠줍니다.

반복해줍니다.

여러 번 반복한 모습입니다.

〈신데렐라〉
152p

프렌치넛 스티치

Frenchknot Stitch

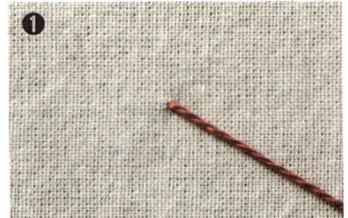

바늘을 뺍니다.

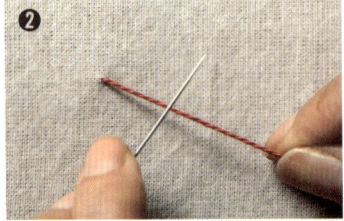

왼손에 바늘, 오른손에 실을 잡습니다.

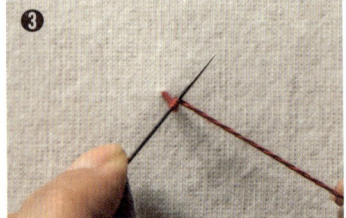

바늘에 실을 두세 번 감습니다.

오른손으로 실을 잡아당기면서 실이 나온 바로 옆에 바늘을 꽂습니다.

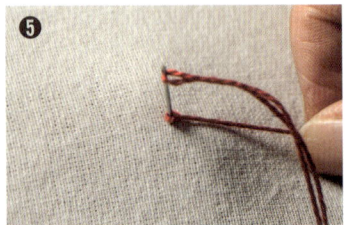

왼손 손가락으로 원단 아래 바늘을 수직으로 잡고 오른손으로 잡고 있던 실을 꽉 조여준 후 바늘을 아래로 빼 줍니다.

완성된 모습입니다.

〈표지 제목〉
206p

50

체인 스티치
C h a i n   S t i t c h

도안선의 오른쪽 지점에서 바늘을 뺍니다.

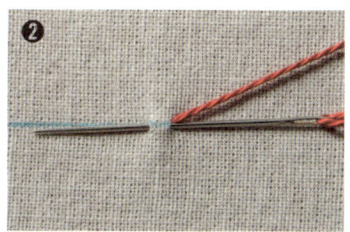

실 바로 옆에 바늘을 꽂은 후 한 땀을 떠줍니다.

실을 꼬이지 않게 바늘 아래로 걸어줍니다.

바늘을 빼줍니다.

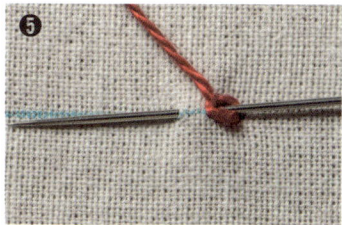

원 안쪽 끝 지점에 바늘을 꽂은 후 같은 간격으로 한 땀을 떠줍니다.

반복해줍니다.

여러 번 반복한 모습입니다.

〈표지 제목〉
206p

51

Stitch 05 트위스티드체인 스티치
Twisted Chain Stitch

도안선의 아래쪽에서 바늘을 뺍니다.

실의 옆에 바늘을 꽂은 후 위로 한 땀 떠줍니다.

실을 X자로 바늘에 걸어줍니다.

바늘을 빼줍니다.

원의 바깥에 바늘을 꽂은 후 한 땀 을 떠줍니다.

여러 번 반복해준 모습입니다.

〈신데렐라〉
152p

 플라이 스티치

F l y S t i t c h

도안선의 왼쪽 지점에서 바늘을 뺍니다.

수평으로 오른쪽 지점에 바늘을 꽂은 후 V자 모양으로 가운데 지점에서 바늘을 빼줍니다.

Y자 모양으로 바늘을 꽂아줍니다.

반복해줍니다.

여러 번 반복한 모습입니다.

완성된 모습입니다.

〈라푼젤〉
160p

레이지데이지 스티치
Lazydaisy Stitch

바늘을 뺍니다.

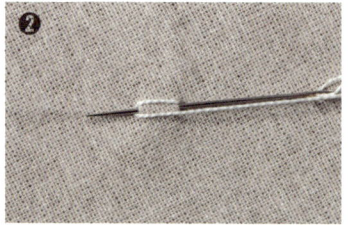

실 바로 옆에 바늘을 꽂은 후 한 땀을 뜨고 실을 바늘 아래로 꼬이지 않게 걸어줍니다.

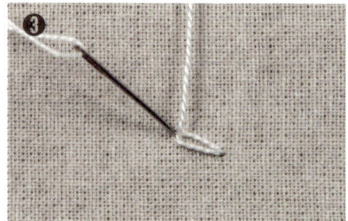

바늘을 빼준 후 고리의 바깥 지점에 바늘을 꽂아줍니다.

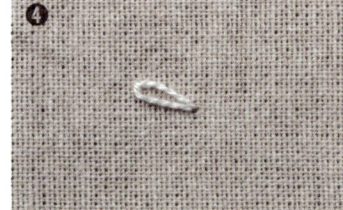

레이지데이지 꽃잎 하나가 만들어졌습니다.(잎을 표현할 수도 있습니다.)

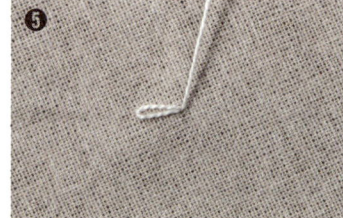

다시 중앙에서 바늘을 빼줍니다.

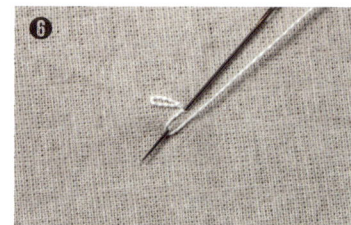

꽃잎 하나를 더 놓아줍니다.

꽃잎 다섯 개가 수놓인 모습입니다.

〈빨강머리 앤〉 144p

54

스트레이트 스티치
Straight Stitch

바늘을 뺍니다.

원하는 방향으로 직선으로 바늘을
꽂습니다.

반복해줍니다.

완성된 모습입니다.

〈인어공주〉
194p

버튼홀 스티치
Buttonhole Stitch

바늘을 뺍니다.

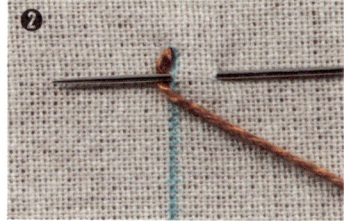

도안선 안쪽에 바늘을 꽂은 후 도안선에 떠주고 실은 바늘 아래쪽에 넣어줍니다.

바늘을 빼서 당겨줍니다.

간격을 맞추어 바늘을 안쪽에 꽂고 빼줍니다.

여러 번 반복해준 모습입니다.

〈어린 왕자〉
116p

서클버튼홀 스티치
Circle Buttonhole Stitch

도안선 바깥쪽 선에서 바늘을 뺍니다.

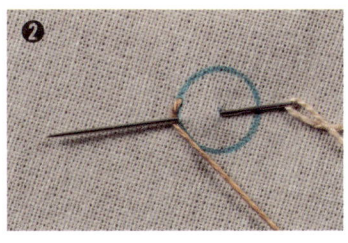

원의 중심에 바늘을 꽂은 후 바깥쪽 선에 떠주고 실은 바늘 아래쪽에 넣어줍니다.

바늘을 빼줍니다.

다시 원의 중심에 바늘을 꽂은 후 바깥쪽 선에서 빼줍니다.

원이 채워진 모습입니다.

〈신데렐라〉
152p

Stitch11 새틴 스티치
S a t i n   S t i t c h

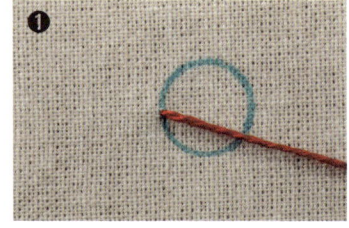

도안이 사각이면 한쪽 끝에서, 원형
이면 중간 지점에서 바늘을 뺍니다.

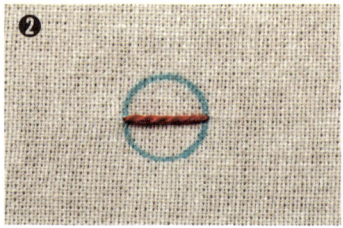

직선으로 바늘을 꽂습니다.

반복해줍니다.

한쪽 면을 채워줍니다.

다른 쪽 면도 채워줍니다.

〈표지 제목〉
206p

스파이더웹로즈 스티치
S p i d e r   W e b   R o s e   S t i t c h

❶

반지름 개수는 홀수로 원을 그린 후
중심에서 바늘을 뺍니다.

❷

스트레이트 스티치로 반지름을 수놓
습니다.

❸

두 개의 반지름 사이 중심 쪽에서 바
늘을 빼줍니다.

❹

반시계방향으로 반지름의 위-아래-
위-아래 순서로 수놓습니다.

❺

위-아래-위-아래 순서로 수놓습니
다.

❻

'위'는 바늘을 반지름 위로, '아래'
는 바늘을 반지름 밑으로 통과시킵
니다.

❼

다 돌린 후에는 바늘을 아래로 꽂아
주면 완성됩니다.

〈표지 제목〉
206p

59

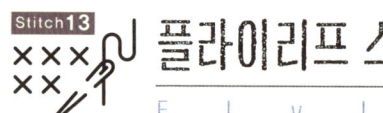

플라이리프 스티치
F l y l e a f   S t i t c h

도안 잎의 끝 쪽에서 바늘을 뺍니다.

가운데 바늘을 꽂은 후 실의 왼편으로 땀을 떠줍니다.

바늘을 빼줍니다.

오른편에 바늘을 꽂은 후 가운데로 땀을 떠줍니다. 이때 왼쪽의 실은 바늘 아래에 놓습니다.

바늘을 빼준 바로 아래에 바늘을 꽂은 후 왼편으로 땀을 떠줍니다.

다시 오른편에 바늘을 꽂은 후 가운데로 땀을 떠줍니다.

반복해줍니다.

여러 번 반복하여 잎이 완성되었습니다.

〈아낌없이 주는 나무〉 98p

플랫 스티치

F l a t   S t i t c h

도안 잎의 끝 쪽에서 바늘을 뺍니다.

가운데에 바늘을 꽂은 후 실의 왼편으로 바늘을 빼줍니다.

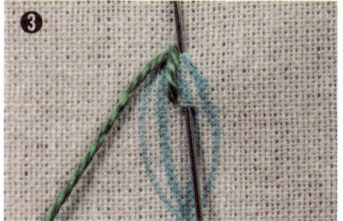

오른쪽 안쪽 선에 바늘을 꽂은 후 오른쪽 바깥쪽 선으로 바늘을 빼줍니다.

왼쪽 안쪽 선에 바늘을 꽂은 후 왼쪽 바깥쪽 선으로 바늘을 빼줍니다.

다시 오른쪽 안쪽 선에 바늘을 꽂은 후 오른쪽 바깥쪽 선으로 바늘을 빼줍니다.

여러 번 반복하여 잎이 완성되었습니다.

〈빨강머리
앤〉
144p

카우칭 스티치
C h o u c h i n g S t i t c h

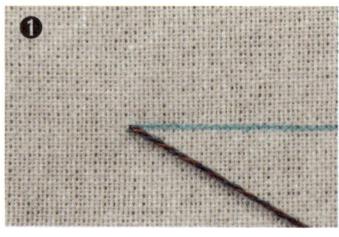

두 가지 색상의 실을 준비한 후 두 개의 바늘에 각각 실을 꿰니다. 도안선의 한쪽 끝 지점에서 바늘을 뺍니다.

반대쪽 지점에 바늘을 꽂아놓습니다.

다른 색 실을 원하는 간격에 도안선에서 빼줍니다.

밑실을 고정시켜줍니다.

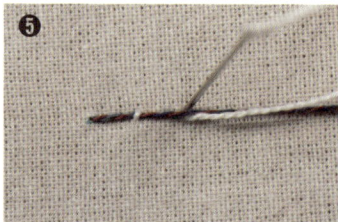

일정한 간격으로 도안선을 따라 고정시켜 나갑니다.

끝낼 때는 밑실을 먼저 매듭짓고 그 다음 고정시킨 실을 매듭짓습니다.

《어린 왕자》
114p

Stitch16 카우치드트레리스 스티치

Chouched Treris Stitch

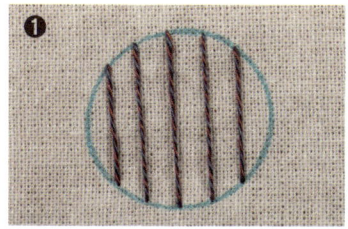

❶

수놓을 면에 세로로 간격을 맞추어 수놓습니다.

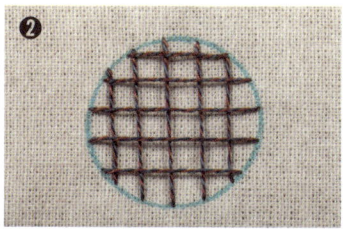

❷

가로도 간격을 맞추어 수놓습니다.

❸

가로세로 교차되는 부분을 여러 가지 모양으로 스트레이트 스티치로 묶어 줍니다.

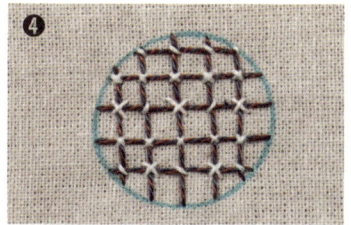

❹

여러 번 반복해준 모습입니다.

〈호두까기 인형〉 184p

스플릿 스티치
Split Stitch

도안선의 위쪽에서 바늘을 뺍니다.

실을 양쪽으로 벌리고 바늘을 아래에서 위로 떠줍니다.

바늘을 빼줍니다.

다시 실을 벌려 바늘을 아래에서 위로 떠줍니다.

여러 번 반복해준 모습입니다.

〈빨간 모자〉
82p

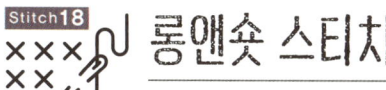

Stitch18 롱앤숏 스티치
Long & Short Stitch

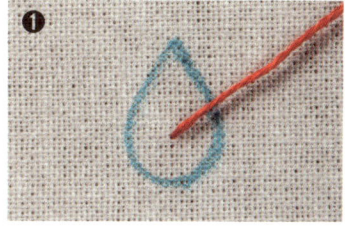

❶

❷

❸

수놓을 면의 아래쪽에서 바늘을 뺍니다.

길고 짧고 길고 짧게 스트레이트 스티치를 수놓습니다.

다른 색 실로 빈 곳을 메우며 길고 짧게 수놓습니다.

❹

완성된 모습입니다.

《이상한 나라의 앨리스》 168p

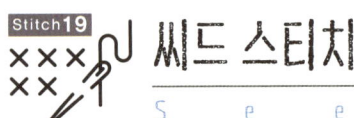

씨드 스티치
Seed Stitch

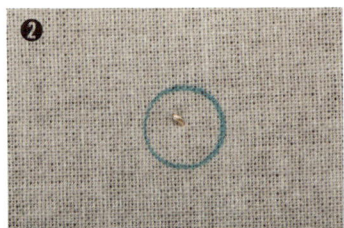

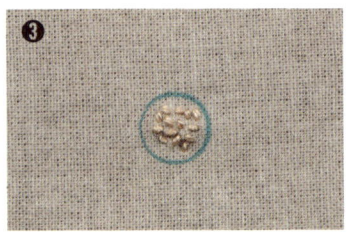

바늘을 뺍니다.

아주 작은 땀으로 반대쪽에 꽂습니다.

여러 번 반복한 모습입니다. 주로 면을 채울 때 사용합니다.

〈브레맨 음악대〉 126p

휘프트체인 스티치
Whipped Chain Stitch

먼저 체인 스티치를 수놓아줍니다.

다른 색상의 실로 체인 스티치의 오른쪽 끝 위로 바늘을 빼줍니다.

바늘을 체인 스티치 밑으로 넣어 아래에서 위로 빼줍니다.

밑으로 통과한 실이 체인을 휘감아주게 됩니다.

다시 체인 스티치 아래에서 위로 바늘을 빼줍니다.

체인 스티치의 한 땀에 한 번씩만 통과시켜 반복해줍니다.

완성된 모습입니다.

〈헨젤과 그레텔 72p〉

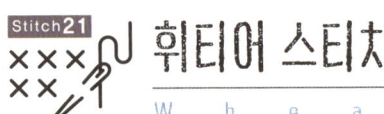

휘티어 스티치
Wheatear stitch

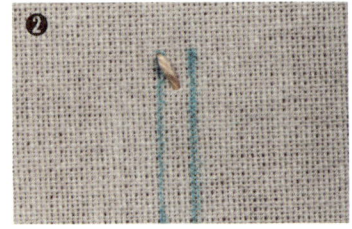

왼쪽 라인 끝에서 바늘을 뺍니다.

두 선의 가운데로 바늘을 꽂아 넣습니다.

오른쪽 라인 끝으로 바늘을 빼줍니다.

V자가 되도록 바늘을 가운데 집어넣은 후 밑으로 떠줍니다.

바늘을 뺍니다.

V자 밑으로 바늘을 찔러 넣습니다.

바늘을 가운데 꽂은 후 왼쪽 라인에 떠줍니다.

②~⑤를 반복합니다.

위의 V자 밑으로 다시 바늘을 넣어줍니다.

여러 번 반복해줍니다. 완성된 모습입니다.

〈어린 왕자〉
106p

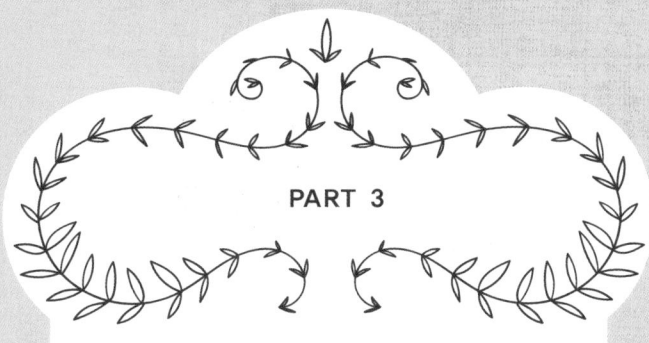

PART 3

자수 작품
수놓기

Hansel and Gretel

헨젤과 그레텔

세상에 과자로 지은 집이 있다는 것에 얼마나 깜짝 놀랐는지….

맛있는 과자집을 발견한 헨젤과 그레텔을 어릴 적엔 부러워했습니다.

그 안에는 무시무시한 마귀할멈이 살고 있는데도

아무리 먹어도 없어지지 않을 것 같아 신나고 상상만 해도 군침이 도는

과자로 만든 집의 로망은 어른이 되어도 별로 달라지지 않네요.

딸들이 맛있게 먹을 것을 생각하며 쿠키나 케이크를 만들 때의 행복감으로

그렸다 지웠다 도안을 그리고 한땀 한땀 알록달록 맛있게 수놓아보았습니다.

이제는 눈으로만 보아도 기분 좋게 배부릅니다.

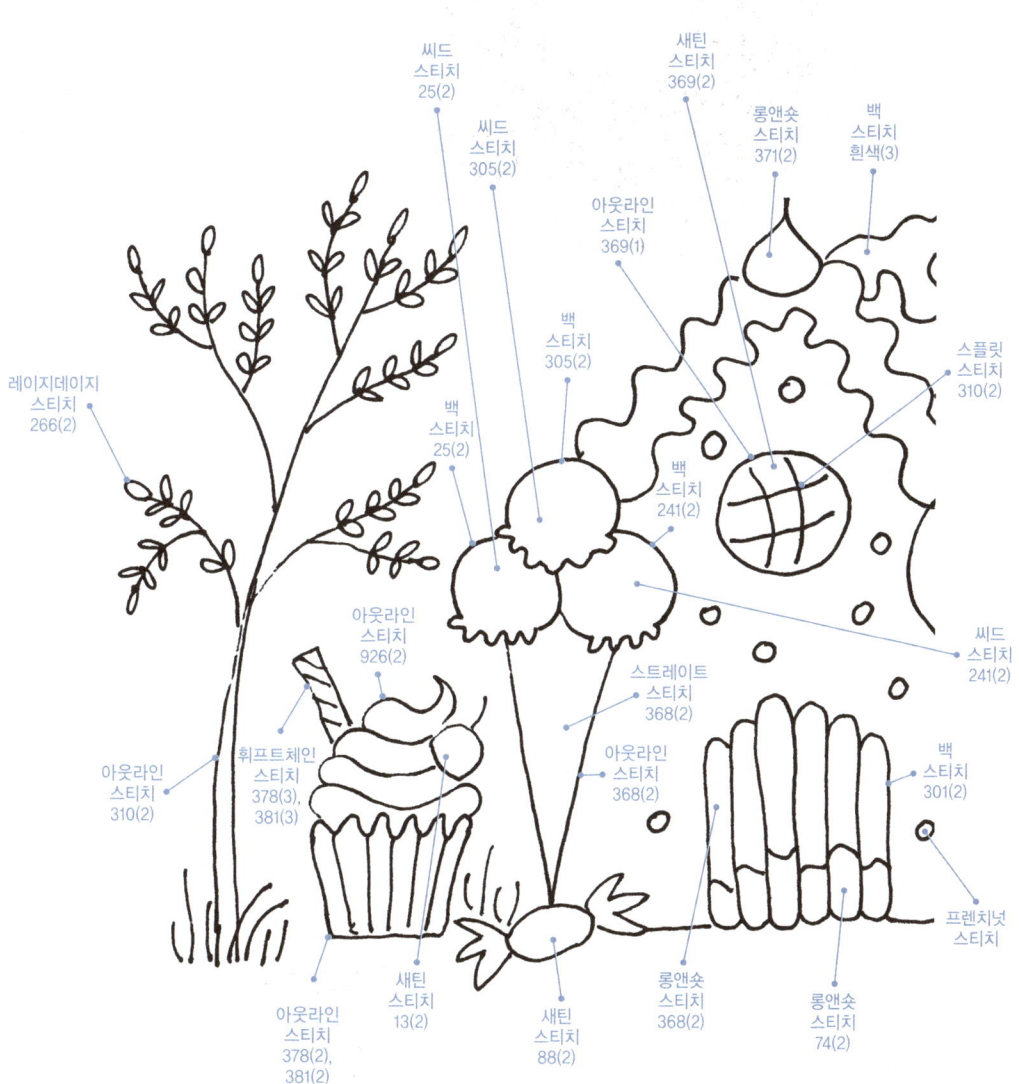

씨드
스티치
25(2)

씨드
스티치
305(2)

새틴
스티치
369(2)

롱앤숏
스티치
371(2)

백
스티치
흰색(3)

아웃라인
스티치
369(1)

백
스티치
305(2)

스플릿
스티치
310(2)

레이지데이지
스티치
266(2)

백
스티치
25(2)

백
스티치
241(2)

백
스티치
25(2)

아웃라인
스티치
926(2)

씨드
스티치
241(2)

아웃라인
스티치
310(2)

휘프트체인
스티치
378(3),
381(3)

스트레이트
스티치
368(2)

백
스티치
301(2)

아웃라인
스티치
368(2)

아웃라인
스티치
378(2),
381(2)

새틴
스티치
13(2)

새틴
스티치
88(2)

롱앤숏
스티치
368(2)

롱앤숏
스티치
74(2)

프렌치넛
스티치

75

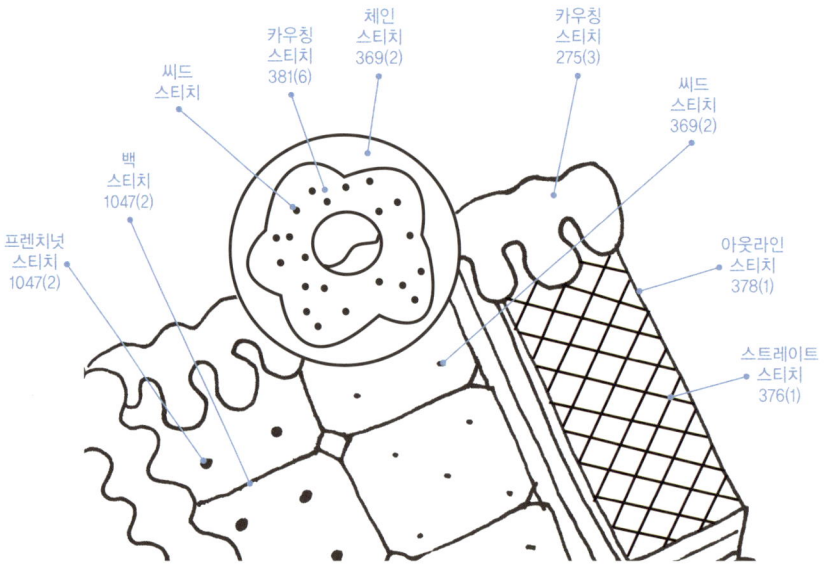

씨드
스티치

카우칭
스티치
381(6)

체인
스티치
369(2)

카우칭
스티치
275(3)

씨드
스티치
369(2)

백
스티치
1047(2)

프렌치넛
스티치
1047(2)

아웃라인
스티치
378(1)

스트레이트
스티치
376(1)

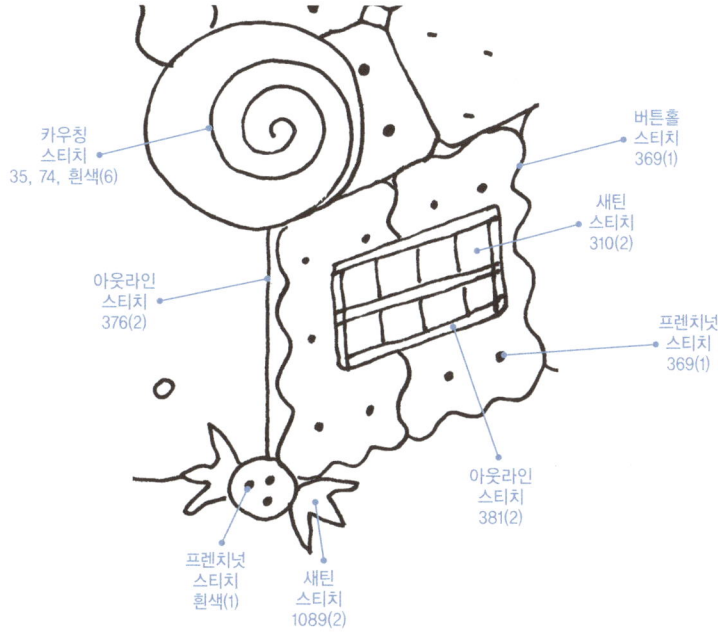

카우칭
스티치
35, 74, 흰색(6)

버튼홀
스티치
369(1)

새틴
스티치
310(2)

아웃라인
스티치
376(2)

프렌치넛
스티치
369(1)

아웃라인
스티치
381(2)

프렌치넛
스티치
흰색(1)

새틴
스티치
1089(2)

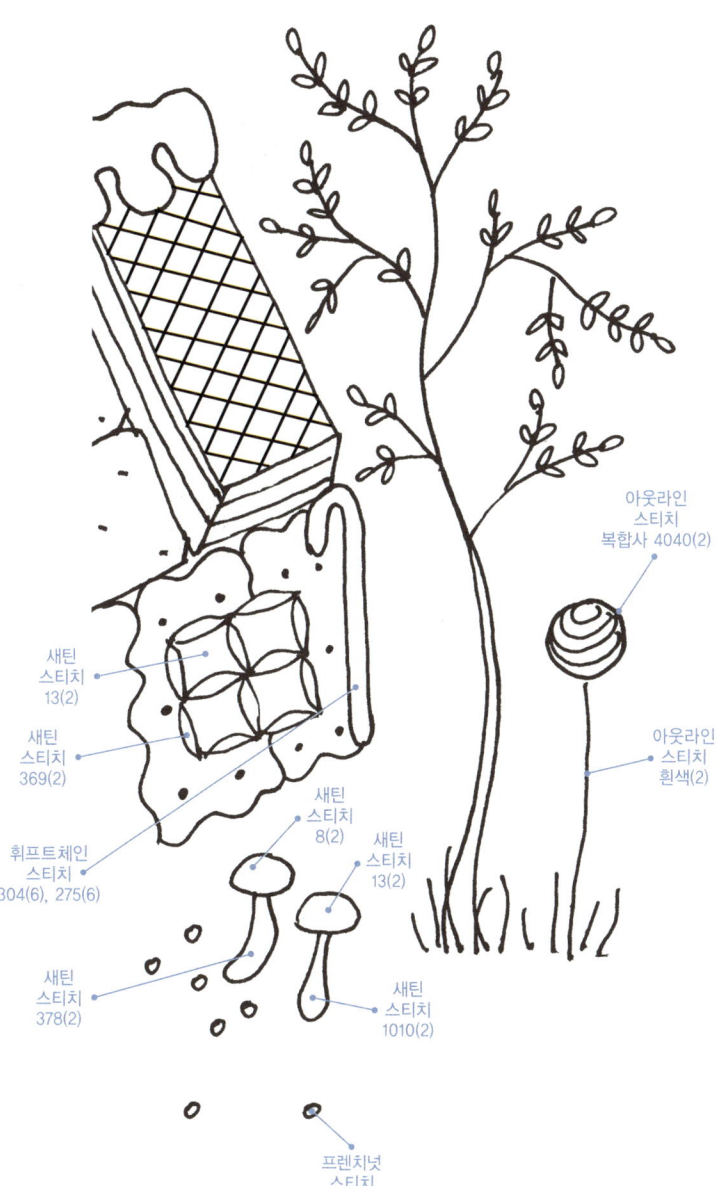

아웃라인
스티치
복합사 4040(2)

새틴
스티치
13(2)

새틴
스티치
369(2)

아웃라인
스티치
흰색(2)

휘프트체인
스티치
304(6), 275(6)

새틴
스티치
8(2)

새틴
스티치
13(2)

새틴
스티치
378(2)

새틴
스티치
1010(2)

프렌치넛
스티치

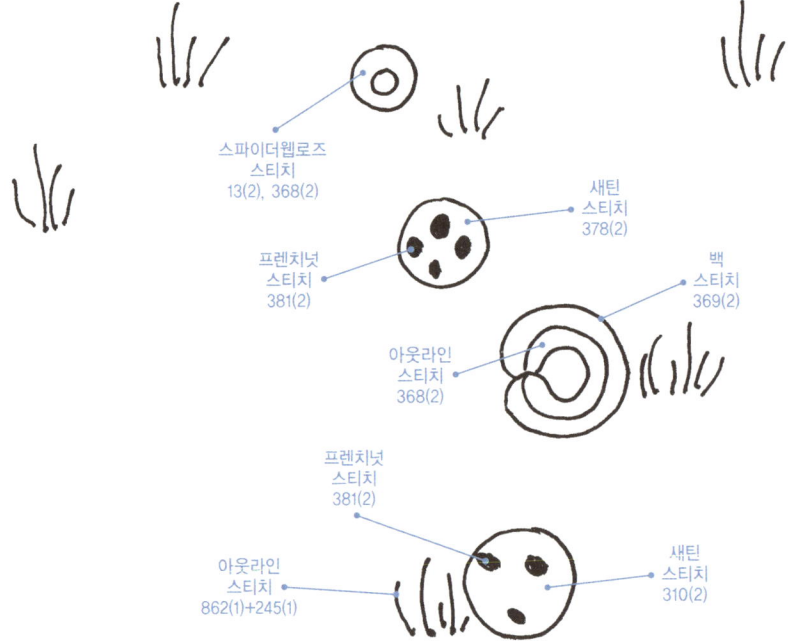

스파이더웹로즈
스티치
13(2), 368(2)

새틴
스티치
378(2)

프렌치넛
스티치
381(2)

백
스티치
369(2)

아웃라인
스티치
368(2)

프렌치넛
스티치
381(2)

아웃라인
스티치
862(1)+245(1)

새틴
스티치
310(2)

빨간 모자

초등학생 때 혼자 고속버스 타고 시골 할머니 댁에 놀러 갔던 제가

이제는 불안하고 걱정되어서 초등학생 딸을 혼자 먼 곳에

보내지 못하는 현실이 슬프기만 합니다.

"이제 흉악한 늑대는 없습니다.

혼자서도 마음 놓고 즐겁게 할머니 집에 가고 있는 빨간 모자랍니다."

우리 아이들이 안전하게 자랄 수 있는 세상이 오기를 바랍니다.

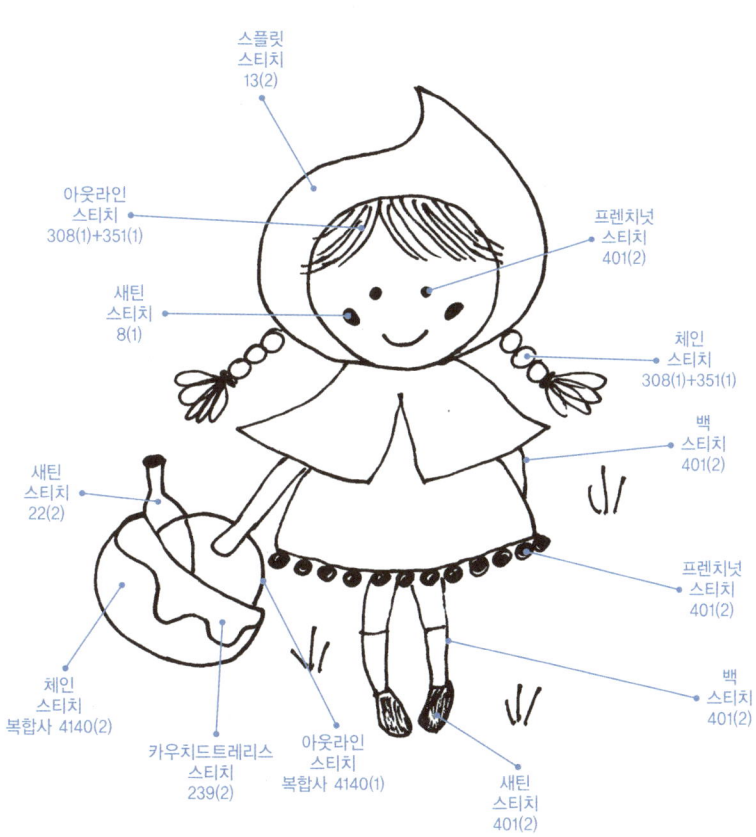

스플릿
스티치
13(2)

아웃라인
스티치
308(1)+351(1)

프렌치넛
스티치
401(2)

새틴
스티치
8(1)

체인
스티치
308(1)+351(1)

백
스티치
401(2)

새틴
스티치
22(2)

프렌치넛
스티치
401(2)

체인
스티치
복합사 4140(2)

카우치드트레리스
스티치
239(2)

아웃라인
스티치
복합사 4140(1)

새틴
스티치
401(2)

백
스티치
401(2)

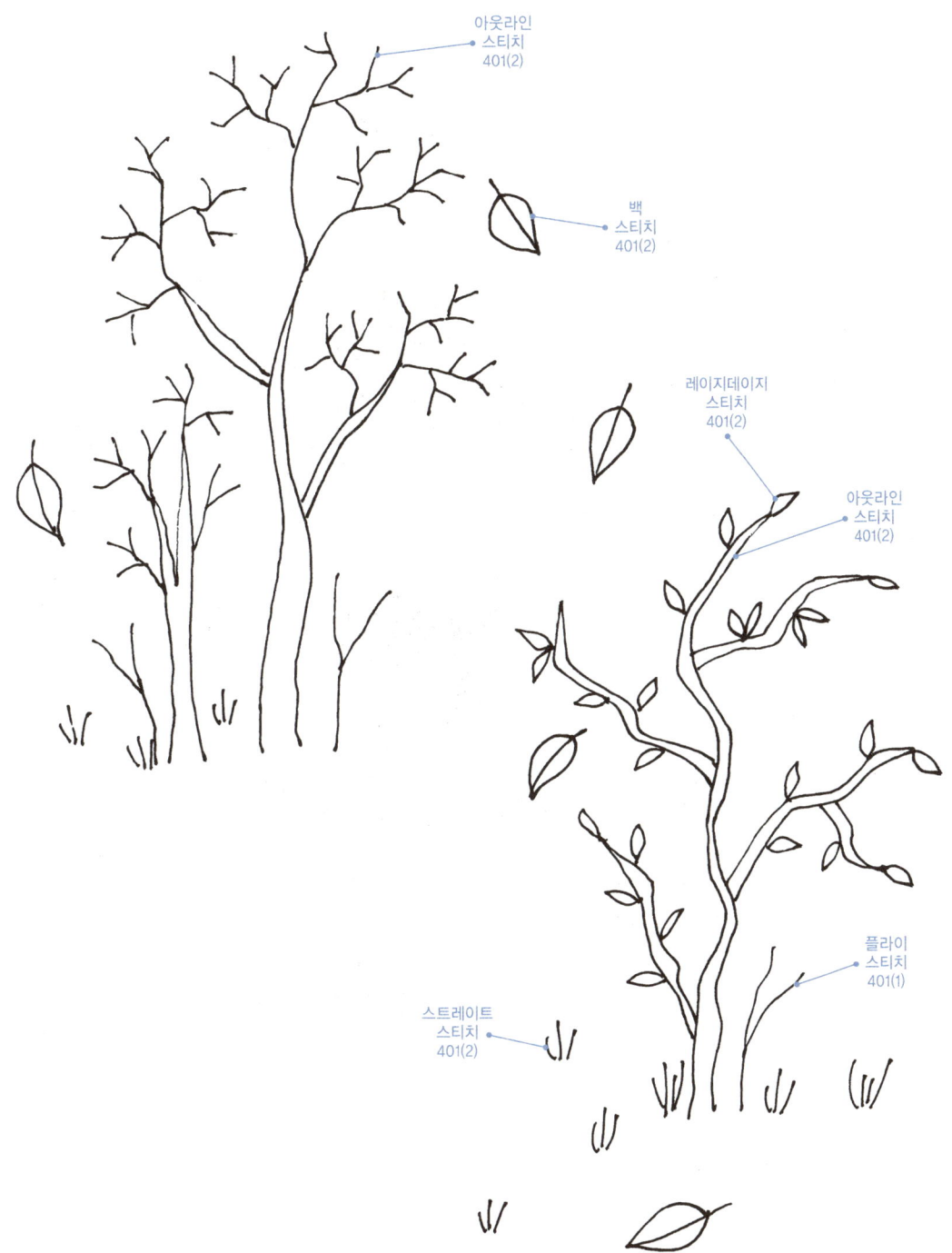

아웃라인
스티치
401(2)

백
스티치
401(2)

레이지데이지
스티치
401(2)

아웃라인
스티치
401(2)

플라이
스티치
401(1)

스트레이트
스티치
401(2)

오즈의 마법사

오즈의 마법사에서 가장 재미있게 기억에 남는 장면은

회오리바람에 날려 온 집에 깔려 죽은, 집 밖으로 나온 마녀의 다리와

그 마녀가 신고 있던 마법의 빨간 구두였습니다.

유난히 피곤하고 힘든 하루를 보내고 집으로 돌아가야 할 때

구두 뒤축을 세 번 탁탁탁 치면 집으로 뿅~ 돌아갈 수 있는

도로시의 구두가 간절히 생각나곤 했지요.

저도 도로시처럼 마음 맞는 좋은 친구들과 함께

한 번도 가보지 않은 멋진 곳들로 여행 떠나고 싶어집니다.

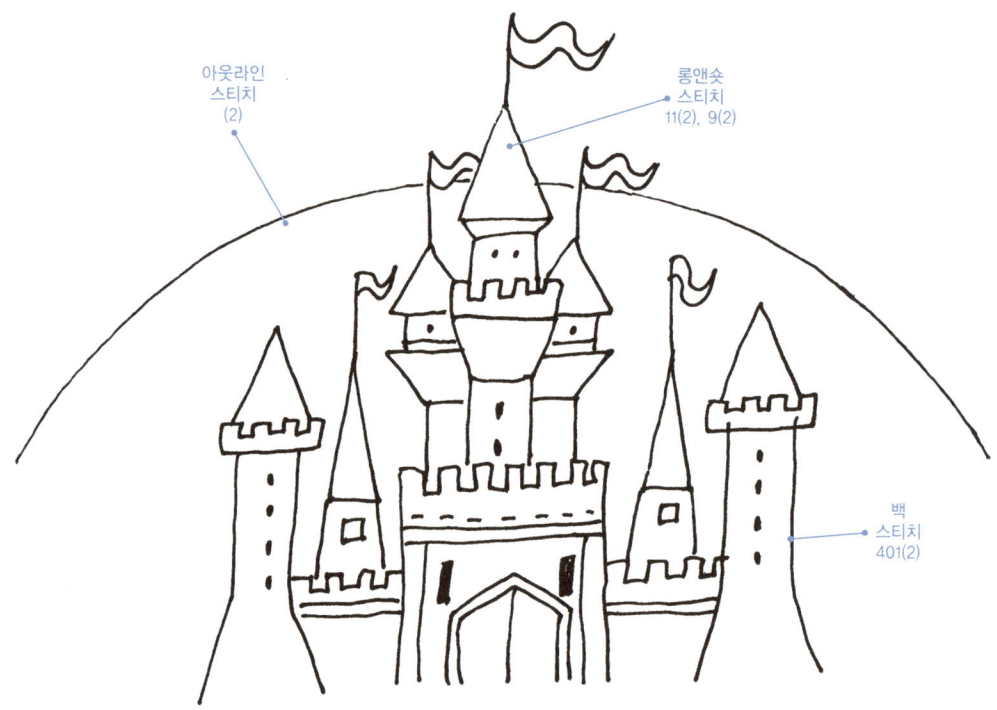

아웃라인
스티치
(2)

롱앤숏
스티치
11(2), 9(2)

백
스티치
401(2)

무지개는 빨주노초파남보 색상의 자수실을 자유롭게 사용하세요.

체인
스티치
DMC 4010(2)

아웃라인
스티치
243(2)

백
스티치
DMC 4010(2)

버튼홀
스티치
흰색(2)

아웃라인
스티치
401(2)

백
스티치
401(1)

새틴
스티치
926(2)

스플릿
스티치
DMC E321(2)

백
스티치
401(1)

새틴
스티치
검정색(2)

아웃라인
스티치
401(2)

체인
스티치
401(2)

백
스티치
401(1)

아낌없이 주는 나무

시원한 그늘부터 열매, 나뭇가지

그리고 편히 앉아 쉬라고 내어주는 마지막 그루터기까지.

《아낌없이 주는 나무》는 어릴 적 감동적으로 읽은 책들 중 하나입니다.

누군가에게 받은, 받고 있는 아낌없는 사랑을 너무 늦게 깨닫고

후회하지 않으면 좋겠습니다.

그리고 나도 가능한 한 많은 사람들에게

아낌없는 사랑을 줄 수 있기를 바랍니다.

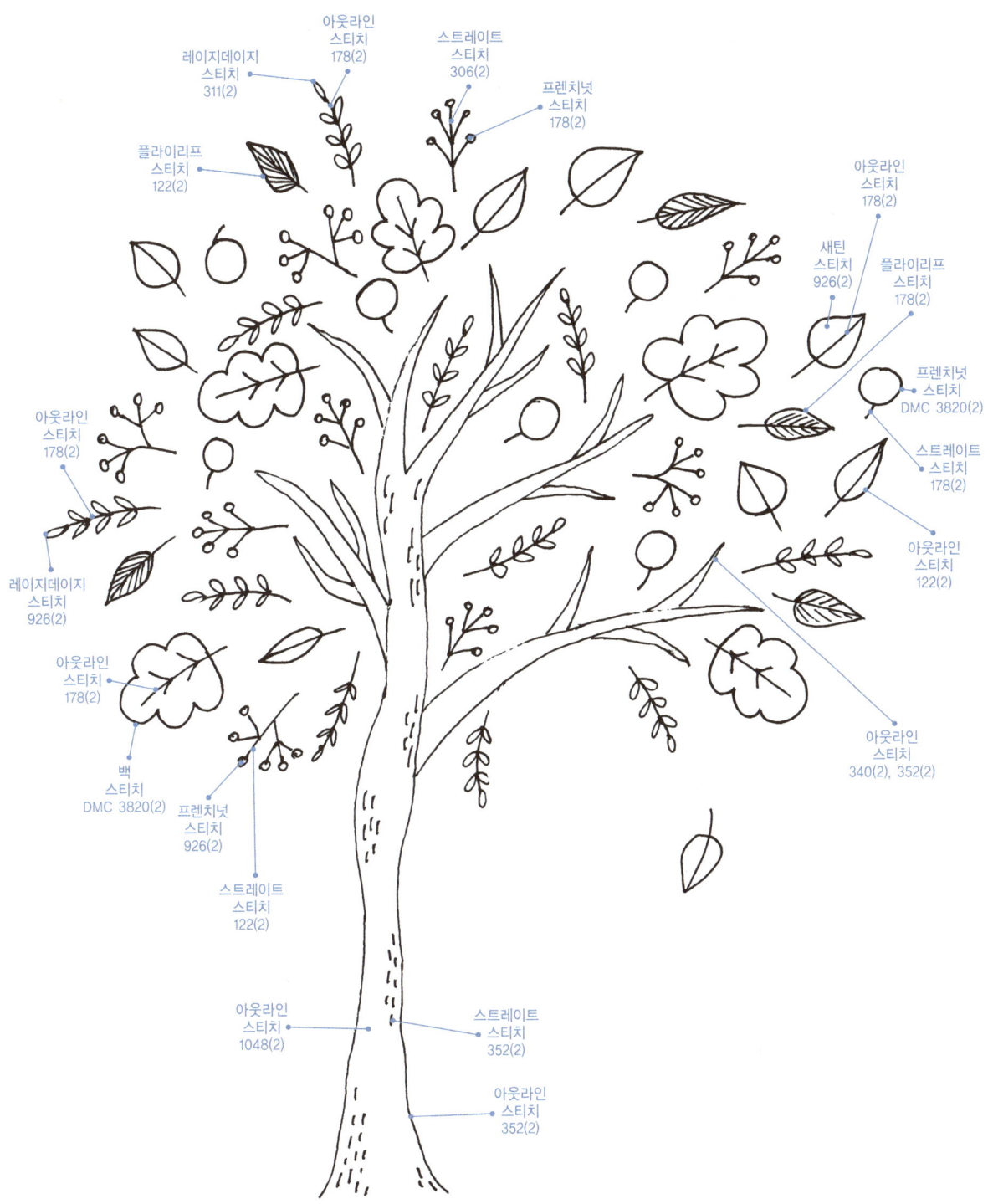

레이지데이지
스티치
311(2)

아웃라인
스티치
178(2)

스트레이트
스티치
306(2)

프렌치넛
스티치
178(2)

플라이리프
스티치
122(2)

아웃라인
스티치
178(2)

새틴
스티치
926(2)

플라이리프
스티치
178(2)

프렌치넛
스티치
DMC 3820(2)

스트레이트
스티치
178(2)

아웃라인
스티치
178(2)

아웃라인
스티치
122(2)

레이지데이지
스티치
926(2)

아웃라인
스티치
178(2)

백
스티치
DMC 3820(2)

프렌치넛
스티치
926(2)

아웃라인
스티치
340(2), 352(2)

스트레이트
스티치
122(2)

아웃라인
스티치
1048(2)

스트레이트
스티치
352(2)

아웃라인
스티치
352(2)

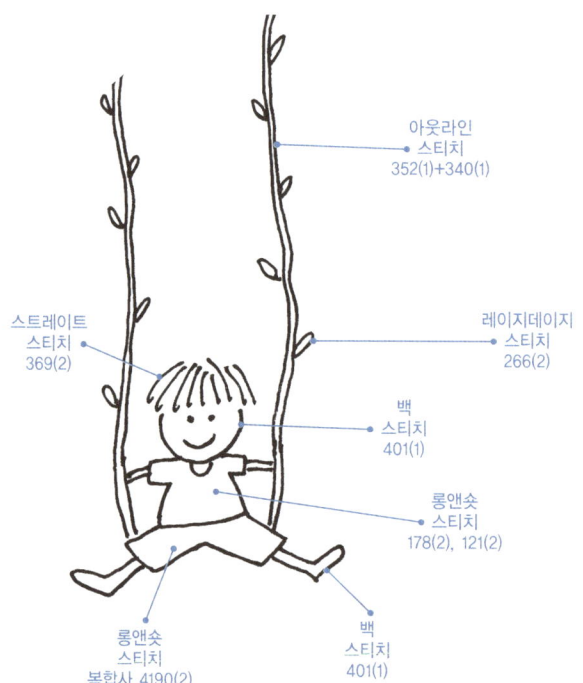

아웃라인
스티치
352(1)+340(1)

스트레이트
스티치
369(2)

레이지데이지
스티치
266(2)

백
스티치
401(1)

롱앤숏
스티치
178(2), 121(2)

롱앤숏
스티치
복합사 4190(2)

백
스티치
401(1)

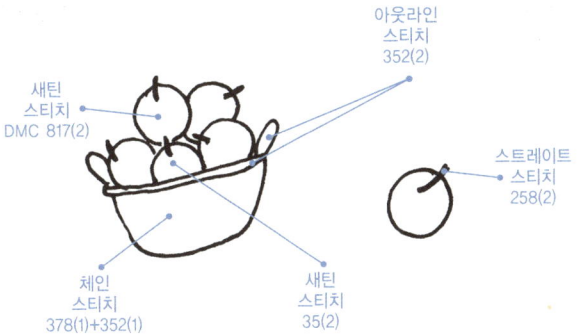

아웃라인
스티치
352(2)

새틴
스티치
DMC 817(2)

스트레이트
스티치
258(2)

체인
스티치
378(1)+352(1)

새틴
스티치
35(2)

The Little Prince

어린 왕자

"저길 봐! 저기 밀밭이 보이지?

밀은 내게 아무 소용이 없는 거야. 밀밭은 나에게 아무것도 생각나게 하지 않아….

그런데 너는 금빛 머리칼을 가졌어. 그러니 네가 나를 길들인다면 정말 근사할 거야!

밀은 금빛이니까 나에게 너를 생각나게 할 거거든.

그럼 난 밀밭 사이를 스치는 바람 소리를 사랑하게 될 거야…."

아무것도 아닌 것이 누군가로 인해 특별한 의미를 지니게 되는 일!

참 놀랍고 황홀한 일입니다.

우리 인생의 보석은 문득 행복하게 하는 특별한 의미를 지닌 것들을

하나씩 하나씩 만들어가는 것이 아닐까요?

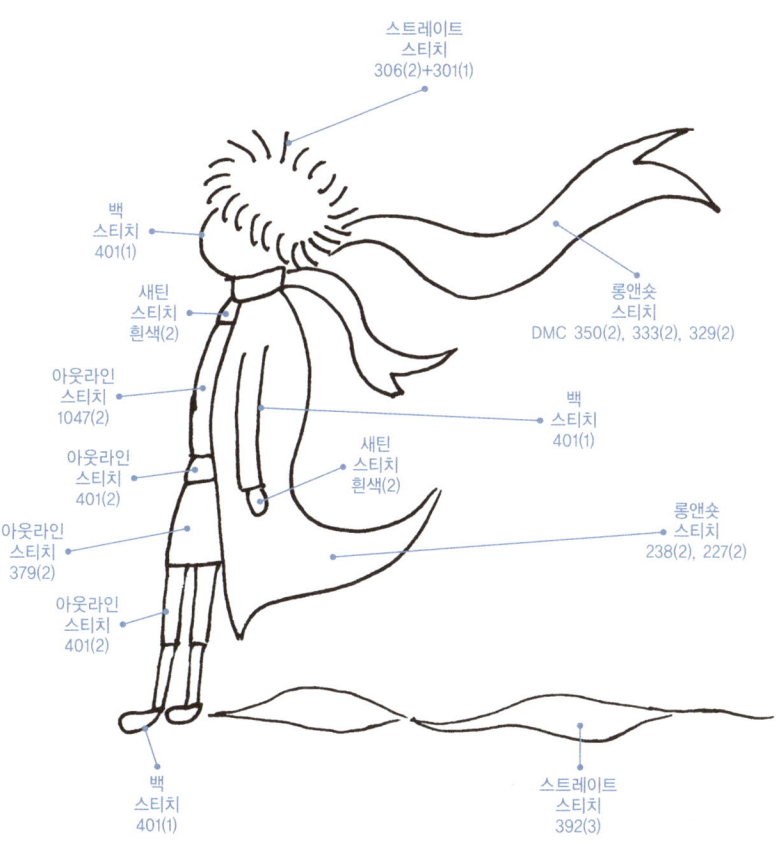

스트레이트
스티치
306(2)+301(1)

백
스티치
401(1)

새틴
스티치
흰색(2)

아웃라인
스티치
1047(2)

아웃라인
스티치
401(2)

아웃라인
스티치
379(2)

아웃라인
스티치
401(2)

새틴
스티치
흰색(2)

백
스티치
401(1)

롱앤숏
스티치
DMC 350(2), 333(2), 329(2)

롱앤숏
스티치
238(2), 227(2)

백
스티치
401(1)

스트레이트
스티치
392(3)

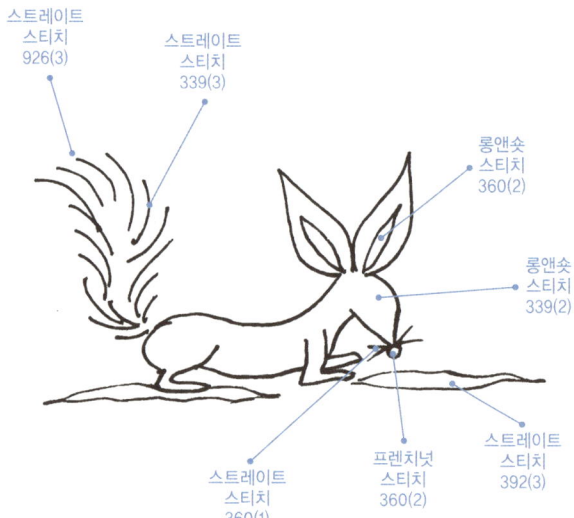

스트레이트
스티치
926(3)

스트레이트
스티치
339(3)

롱앤숏
스티치
360(2)

롱앤숏
스티치
339(2)

스트레이트
스티치
360(1)

프렌치넛
스티치
360(2)

스트레이트
스티치
392(3)

앵커 278(2), 279(1)+854(1), 311(2), 368(1)+1046(1), 874(2)
DMC 308(1)+3820(1), 3820(2)

아웃라인
스티치(2)

휘티어
스티치(2)

스플릿
스티치(2)

아웃라인
스티치
흰색(2)

백
스티치
401(1)

The Little Prince

The Little Prince

바오밥나무는 사막여우, 보아뱀, 장미와 함께

제가 뽑은 《어린 왕자》 4대 주인공 중 하나입니다.

북처럼 둥근 커다란 나무기둥과 구불구불 거대 브로콜리 같은 나뭇가지 모양이

너무도 신기하고 독특해 《어린 왕자》에서 처음 본 순간 맘에 쏙 들어왔죠.

실로 그려보니 나만의 바오밥나무가 생긴 것 같아 신이 납니다.

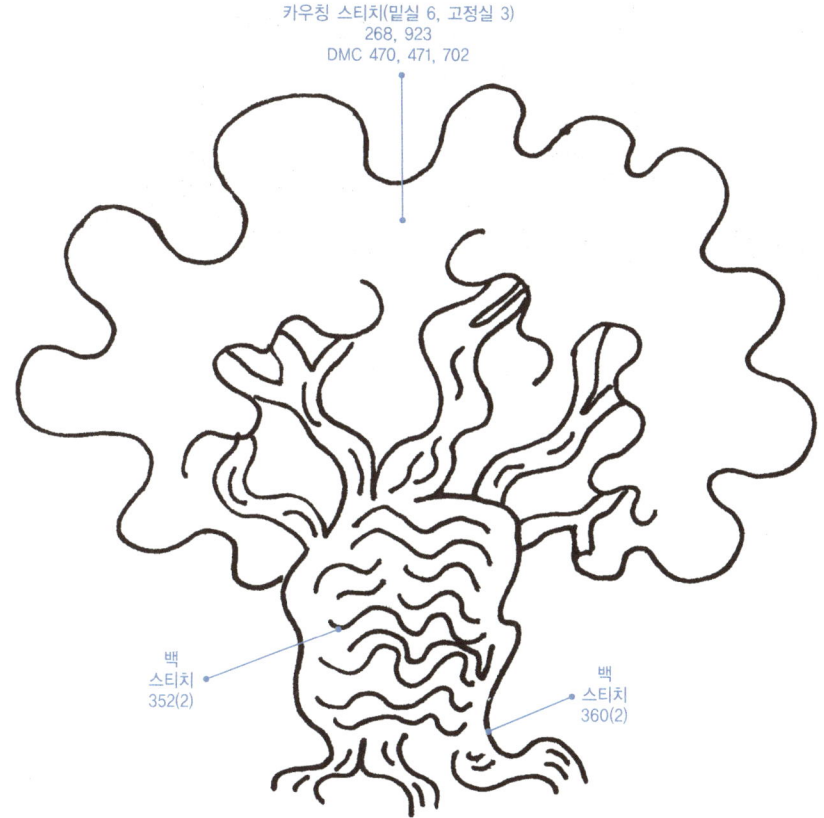

카우칭 스티치(밑실 6, 고정실 3)
268, 923
DMC 470, 471, 702

백
스티치
352(2)

백
스티치
360(2)

모자처럼 보였습니다. 슬프게도….

평범한 모자처럼 보이는 이 그림이 코끼리를 삼킨 보아뱀의 모습이라는 것에

신선한 충격과 함께 '난 순수하지 못한가 봐.' 하는 생각이 들어

어릴 적 그때는 잠시 절망하기도 했었지요.

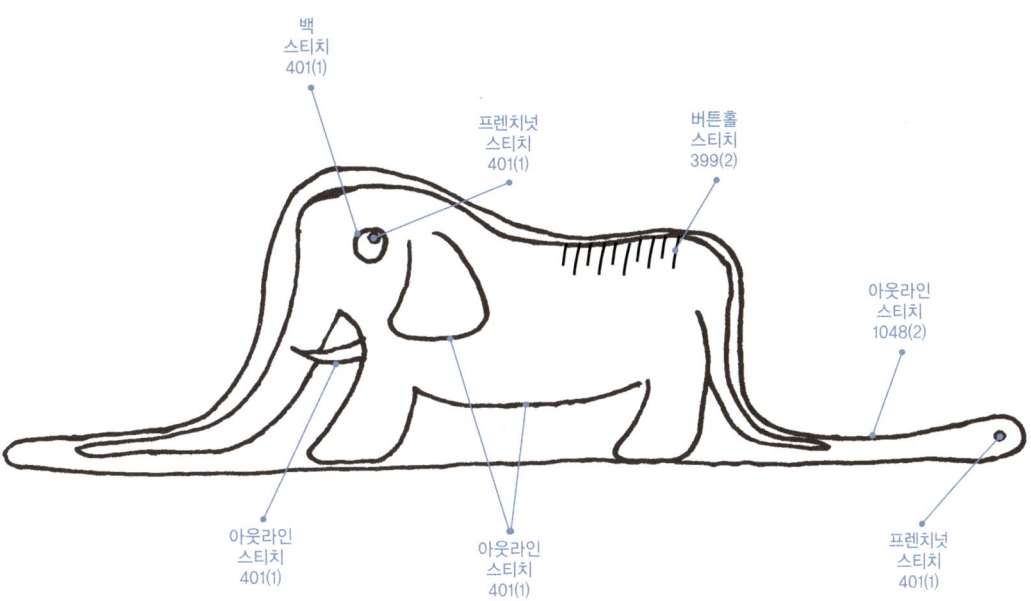

백
스티치
401(1)

프렌치넛
스티치
401(1)

버튼홀
스티치
399(2)

아웃라인
스티치
1048(2)

아웃라인
스티치
401(1)

아웃라인
스티치
401(1)

프렌치넛
스티치
401(1)

Swan Lake

백조의 호수

호숫가에 유유히 떠 있는 새하얀 백조의 모습은 우아함 그 자체이지요.

우아한 날개와 아름다운 긴 목 그리고 도도하면서도 귀티 나는 자태.

이 우아함과 아름다움을 그대로 표현하기는 어렵지만

실로 그려보는 백조의 모습은 즐거운 경험이 될 거라 믿습니다.

아웃라인
스티치
발다니사 M43(1)

아웃라인
스티치
은사(2)

레이지데이지
스티치
은사(1)

아웃라인
스티치
127(2)

롱앤숏
스티치
로사울사 Mint 10

롱앤숏
스티치
로사울사 흰색+DMC E818(1)

백
스티치
로사울사 Sky 3

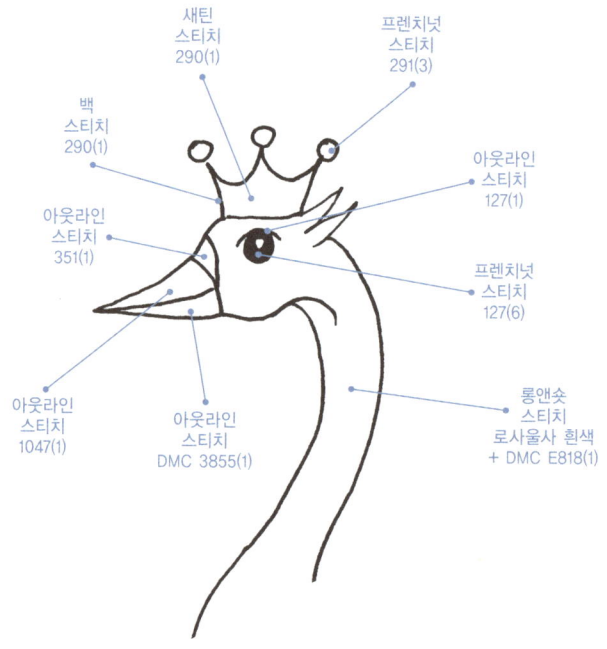

새틴
스티치
290(1)

프렌치넛
스티치
291(3)

백
스티치
290(1)

아웃라인
스티치
127(1)

아웃라인
스티치
351(1)

프렌치넛
스티치
127(6)

아웃라인
스티치
1047(1)

아웃라인
스티치
DMC 3855(1)

롱앤숏
스티치
로사울사 흰색
+ DMC E818(1)

The Bremen Town Musicians

브레멘 음악대

한평생 열심히 일했지만 주인에게 버림받은 당나귀, 개, 고양이, 수탉.

마음의 상처를 음악가가 되겠다는 희망으로 보듬고

서로 힘을 모아 행복을 찾는 따뜻한 동화입니다.

서로의 등에 올라탄 사이좋은 동물들과

그들의 악기 기타와 바이올린 등을 수놓아보며

자수로 수놓일 때의 마법 같은 특별한 변신을 느끼는 재미가 즐거웠습니다.

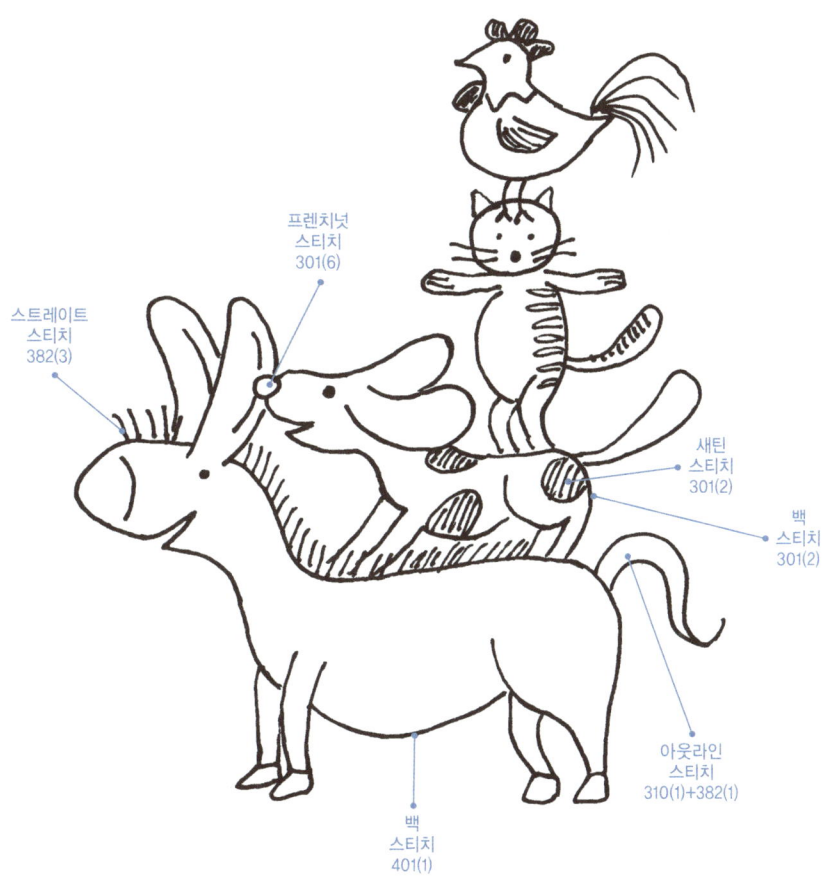

프렌치넛
스티치
301(6)

스트레이트
스티치
382(3)

새틴
스티치
301(2)

백
스티치
301(2)

아웃라인
스티치
310(1)+382(1)

백
스티치
401(1)

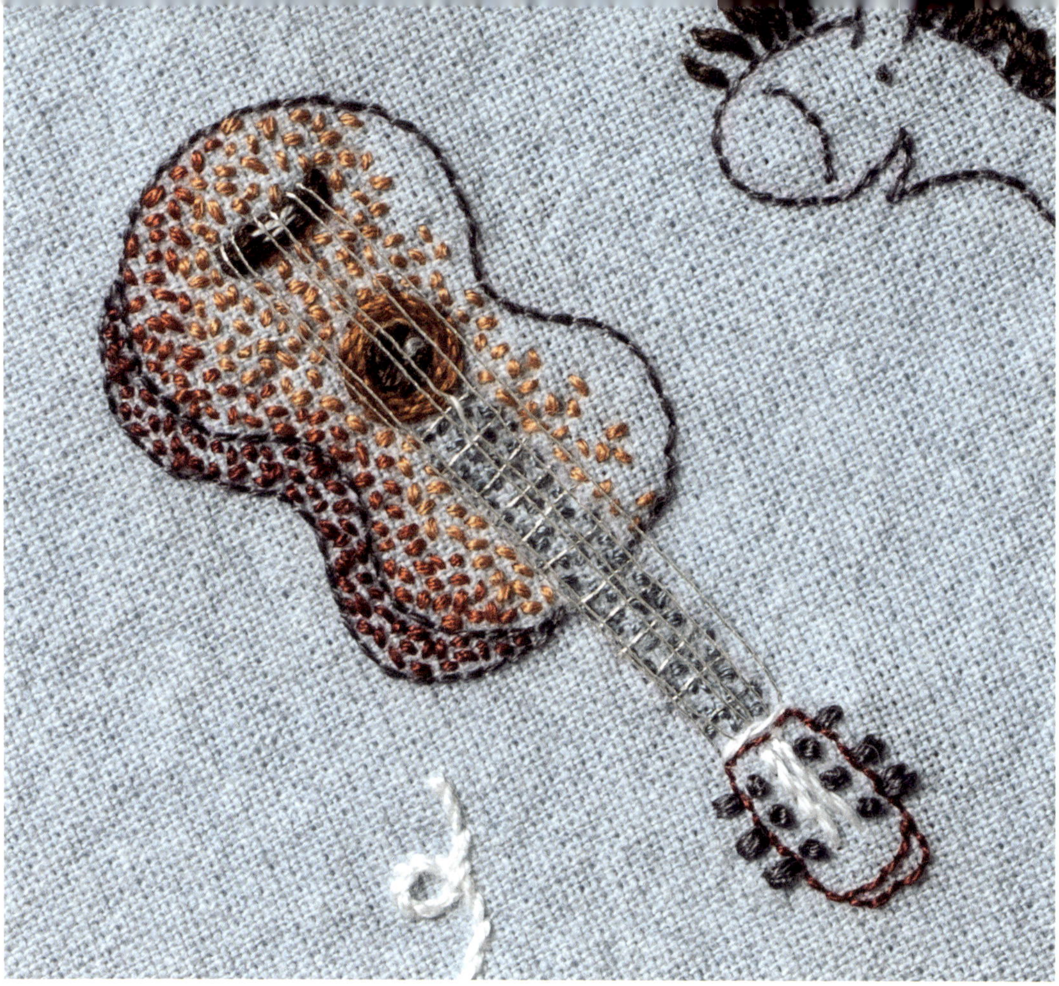

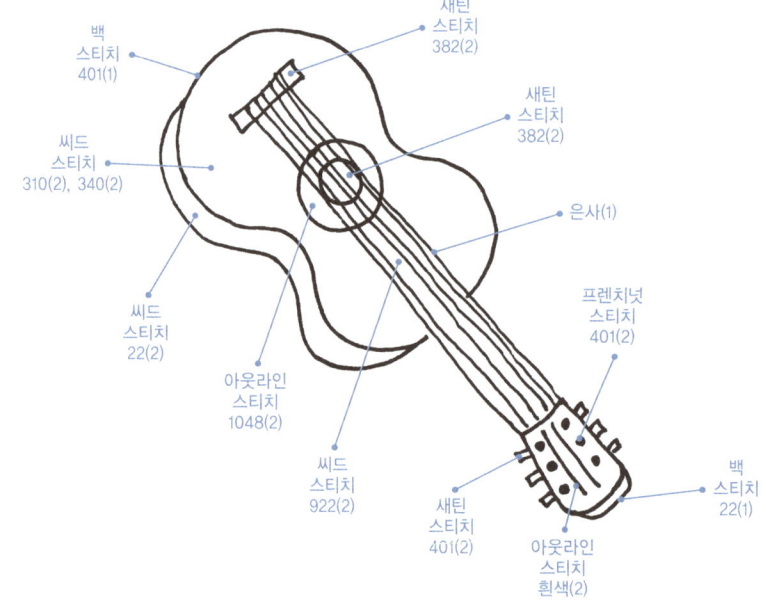

백
스티치
401(1)

새틴
스티치
382(2)

새틴
스티치
382(2)

씨드
스티치
310(2), 340(2)

은사(1)

씨드
스티치
22(2)

프렌치넛
스티치
401(2)

아웃라인
스티치
1048(2)

씨드
스티치
922(2)

새틴
스티치
401(2)

아웃라인
스티치
흰색(2)

백
스티치
22(1)

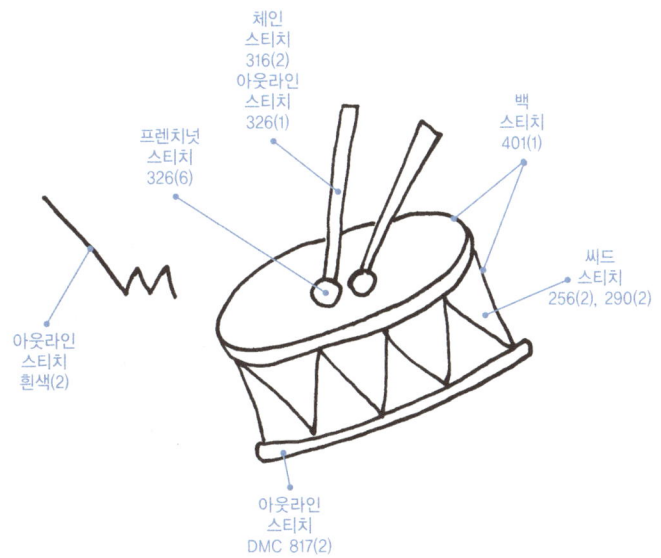

체인
스티치
316(2)
아웃라인
스티치
326(1)

프렌치넛
스티치
326(6)

백
스티치
401(1)

씨드
스티치
256(2), 290(2)

아웃라인
스티치
흰색(2)

아웃라인
스티치
DMC 817(2)

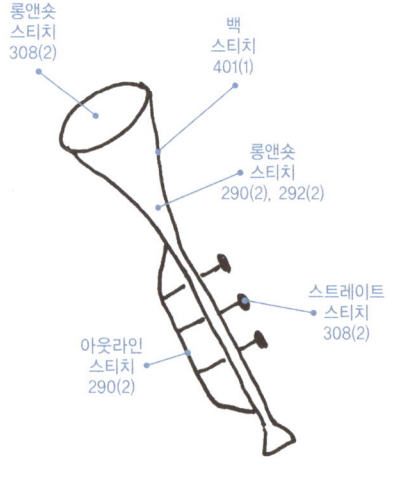

롱앤숏
스티치
308(2)

백
스티치
401(1)

롱앤숏
스티치
290(2), 292(2)

스트레이트
스티치
308(2)

아웃라인
스티치
290(2)

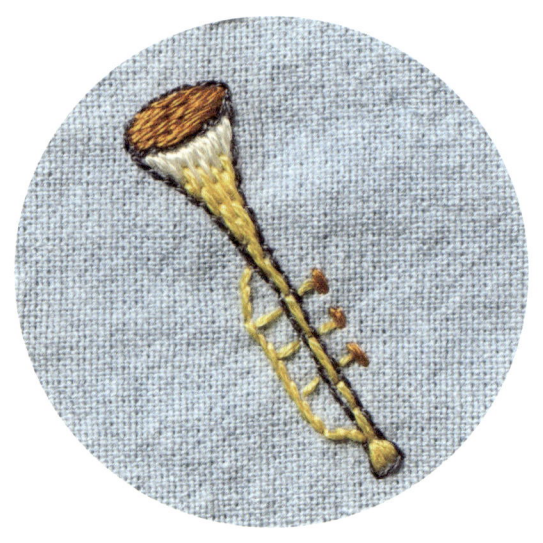

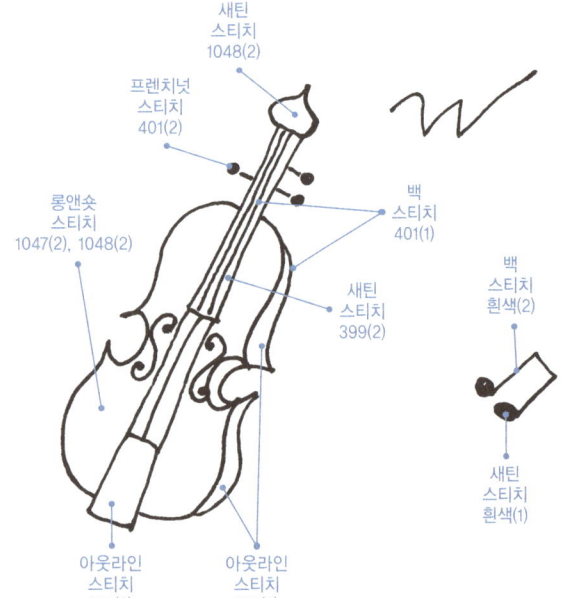

새틴
스티치
1048(2)

프렌치넛
스티치
401(2)

롱앤숏
스티치
1047(2), 1048(2)

백
스티치
401(1)

새틴
스티치
399(2)

백
스티치
흰색(2)

새틴
스티치
흰색(1)

아웃라인
스티치
310(2)

아웃라인
스티치
310(2)

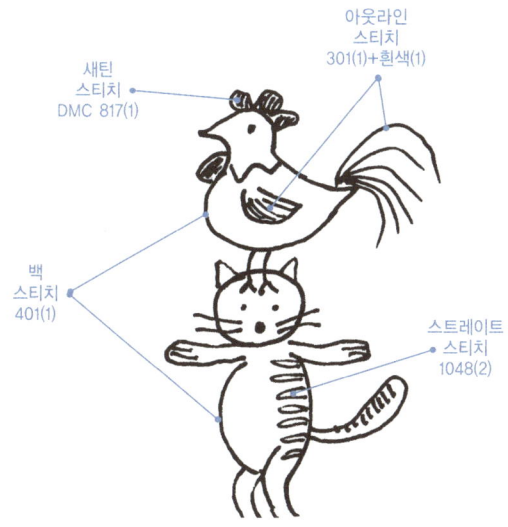

아웃라인
스티치
301(1)+흰색(1)

새틴
스티치
DMC 817(1)

백
스티치
401(1)

스트레이트
스티치
1048(2)

빨강머리 앤

긍정의 아이콘, 빨강머리 앤의 모습 중 제가 제일 예뻐하는 모습입니다.

"엘리자가 말했어요. 세상은 생각대로 되지 않는다고.

하지만 생각대로 되지 않는다는 건 정말 멋진 것 같아요.

생각지도 못했던 일이 일어난다는 거니까요!"

내일, 한 달 후, 일 년 후, 어떤 일이 일어날지 모른다는 건

정말 멋진 일입니다.

꿈으로 가득한 앤의 표정을 자수로 표현해내는 작업이 쉽지 않았지만

수놓고 나니 예전보다 더더 많이 앤이 좋아졌습니다.

트위스티드체인
스티치
DMC 817(2)

백
스티치
401(1)

아웃라인
스티치
DMC 817(2)

아웃라인
스티치
401(1)

프렌치넛
스티치
흰색(2)

아웃라인
스티치
흰색(1)

새틴
스티치
1039(1)

스트레이트
스티치
401(2)

트위스티드체인
스티치
DMC 817(2)

백
스티치
401(1)

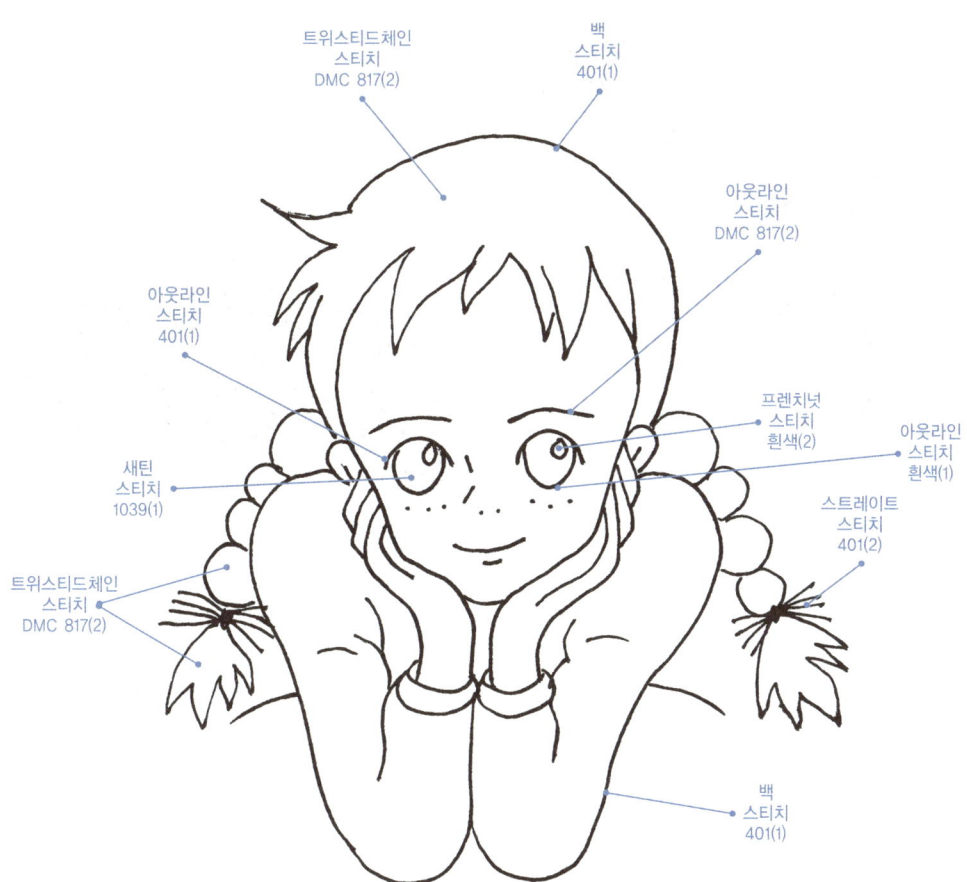

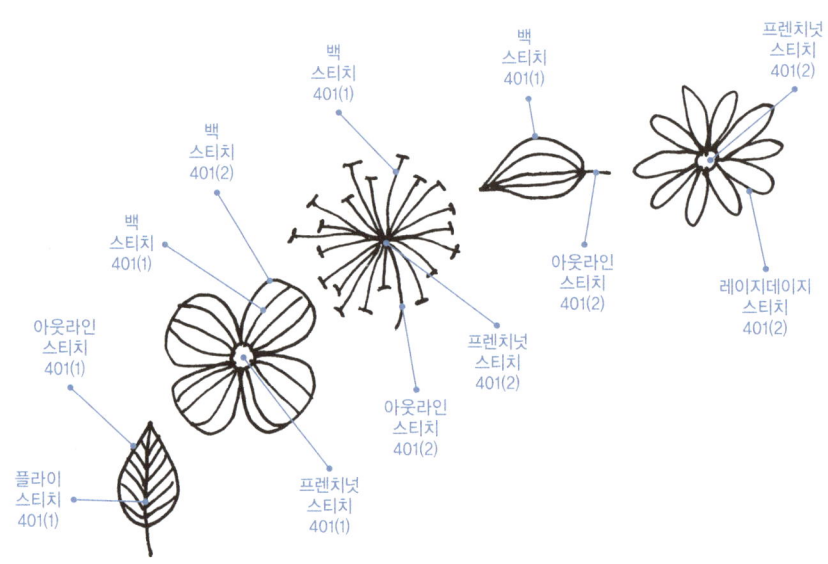

백
스티치
401(1)

백
스티치
401(1)

프렌치넛
스티치
401(2)

백
스티치
401(2)

백
스티치
401(1)

아웃라인
스티치
401(2)

레이지데이지
스티치
401(2)

아웃라인
스티치
401(1)

프렌치넛
스티치
401(2)

아웃라인
스티치
401(2)

플라이
스티치
401(1)

프렌치넛
스티치
401(1)

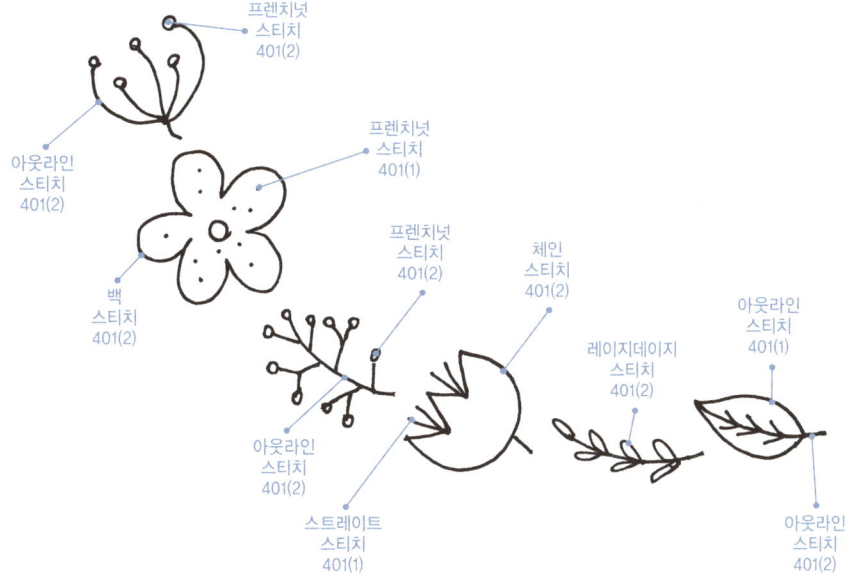

프렌치넛
스티치
401(2)

아웃라인
스티치
401(2)

백
스티치
401(2)

프렌치넛
스티치
401(1)

프렌치넛
스티치
401(2)

아웃라인
스티치
401(2)

스트레이트
스티치
401(1)

체인
스티치
401(2)

레이지데이지
스티치
401(2)

아웃라인
스티치
401(1)

아웃라인
스티치
401(2)

앤의 트레이드마크는 양 갈래로 땋아 내린 빨강머리와

모자, 원피스, 커다란 여행가방 그리고 장화.

뒷모습만으로도 빨강머리 앤임을 알 수 있습니다.

간단하게 수놓아보는 빨강머리 앤으로 앤과 더 가까워져보세요.

플라이
스티치
흰색(1)

레이지데이지
스티치
흰색(1)

플랫
스티치
흰색(2)

레이지데이지
스티치
흰색(2)

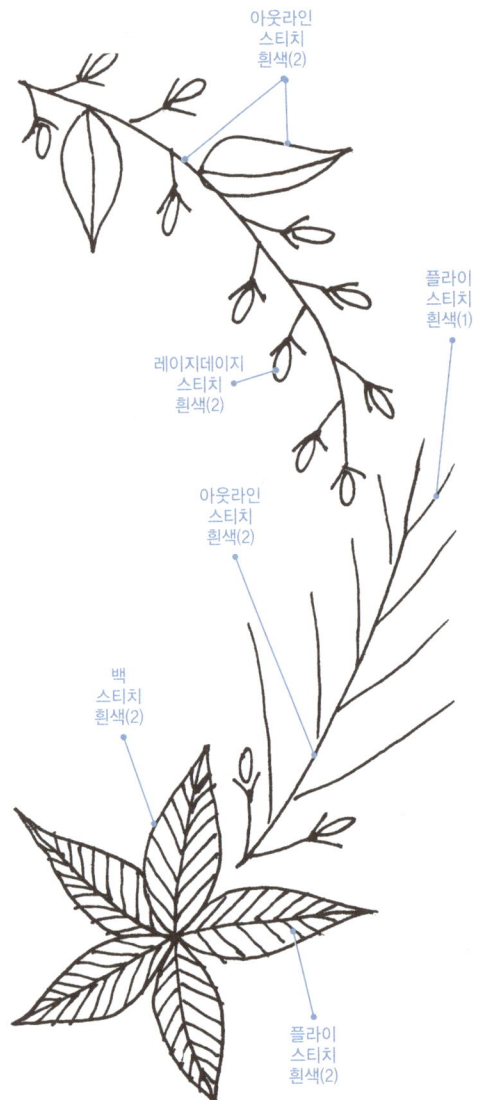

아웃라인
스티치
흰색(2)

플라이
스티치
흰색(1)

레이지데이지
스티치
흰색(2)

아웃라인
스티치
흰색(2)

백
스티치
흰색(2)

플라이
스티치
흰색(2)

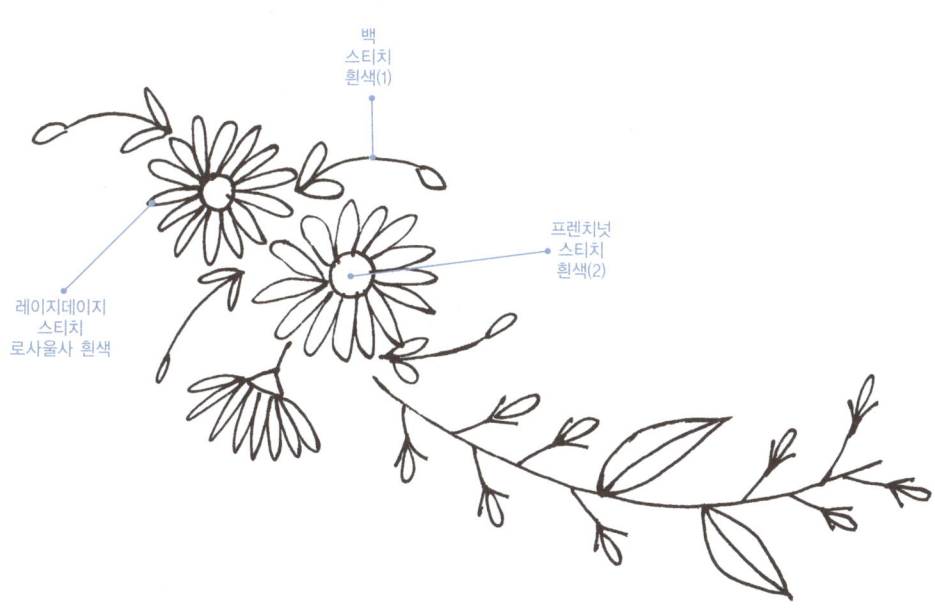

백
스티치
흰색(1)

프렌치넛
스티치
흰색(2)

레이지데이지
스티치
로사울사 흰색

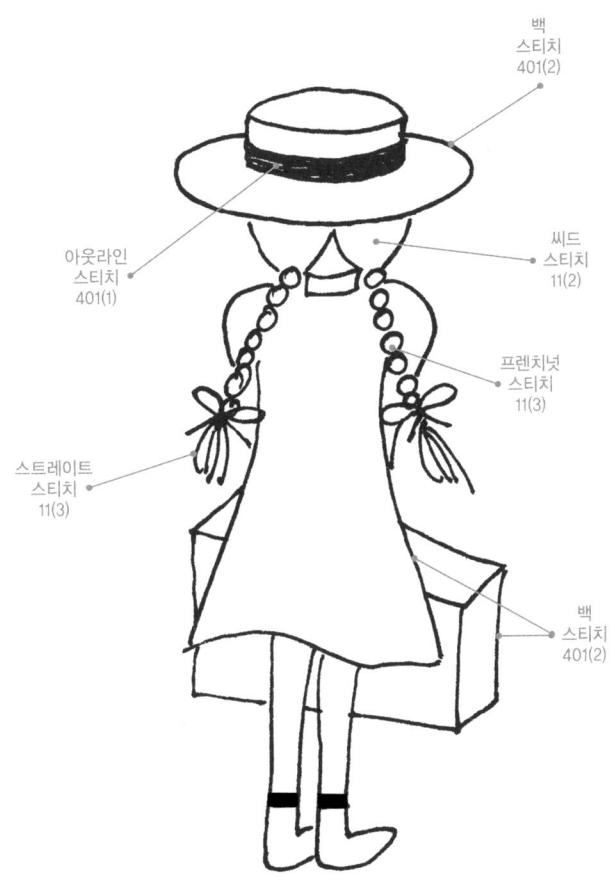

백
스티치
401(2)

아웃라인
스티치
401(1)

씨드
스티치
11(2)

프렌치넛
스티치
11(3)

스트레이트
스티치
11(3)

백
스티치
401(2)

신데렐라

요술지팡이로 나도 180도 변신해볼 수 있다면….

신데렐라처럼 예쁜 드레스를 입고 구두를 신고 왕관을 쓰고

멋진 왕자를 만나고 말이죠.

밤 12시까지라는 한정된 시간이기에 더 설레는 마법 같은 꿈을

어릴 적 한번씩은 꿈꿔보았겠지요.

황금마차, 드레스, 왕관, 구두, 장갑….

수로 놓아보니 언제든 입어보고 신어볼 수 있는

나의 것이 된 듯해 행복해집니다.

할머니가 되어도 이 소녀 감성은 잃어버리지 않으면 좋겠습니다.

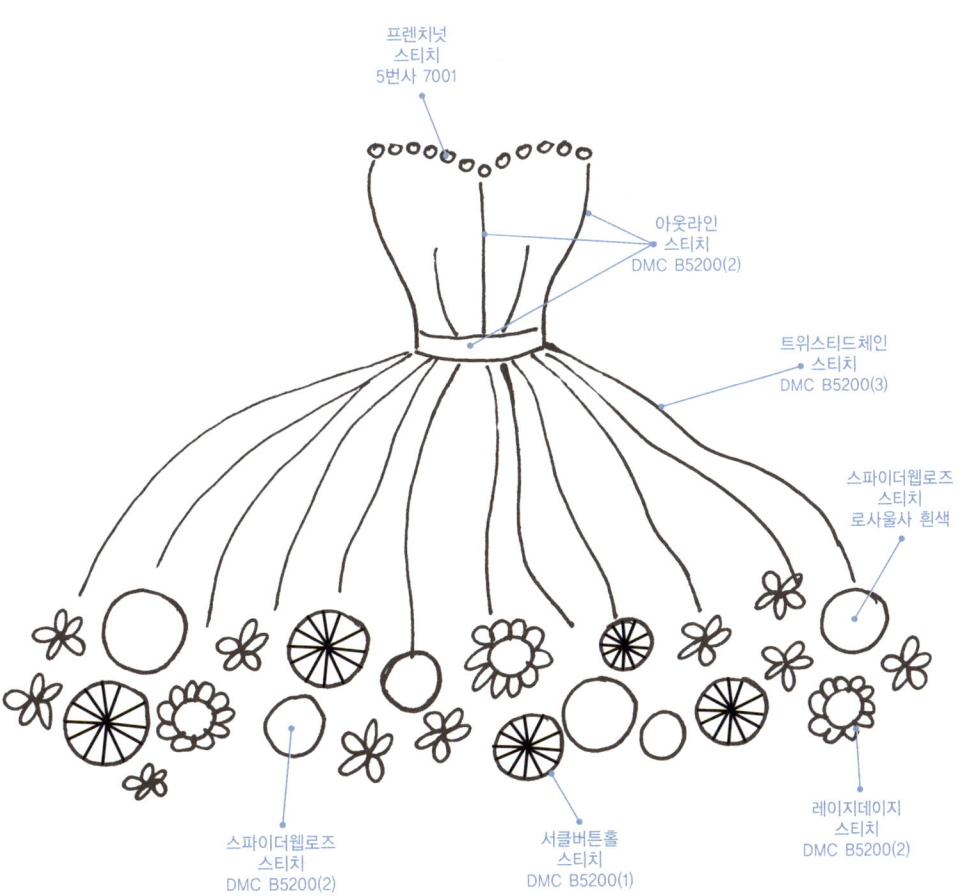

프렌치넛
스티치
5번사 7001

아웃라인
스티치
DMC B5200(2)

트위스티드체인
스티치
DMC B5200(3)

스파이더웹로즈
스티치
로사울사 흰색

스파이더웹로즈
스티치
DMC B5200(2)

서클버튼홀
스티치
DMC B5200(1)

레이지데이지
스티치
DMC B5200(2)

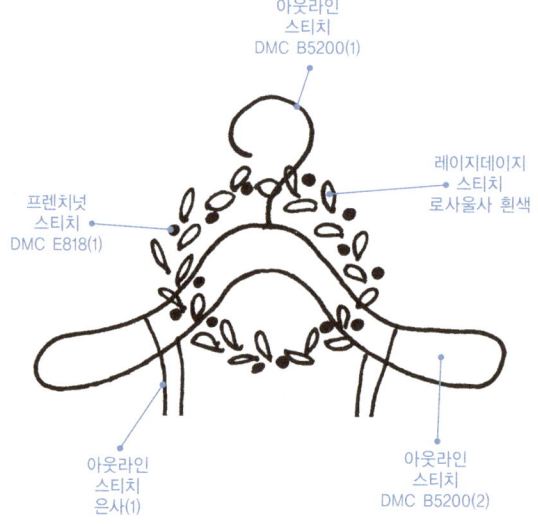

아웃라인
스티치
DMC B5200(1)

레이지데이지
스티치
로사울사 흰색

프렌치넛
스티치
DMC E818(1)

아웃라인
스티치
은사(1)

아웃라인
스티치
DMC B5200(2)

아웃라인
스티치
금사(1)

새틴
스티치
금사(1)

아웃라인
스티치
로사울사 흰색

백
스티치
금사(1)

프렌치넛
스티치
DMC B5200(1)

스트레이트
스티치
DMC B5200(1)

아웃라인
스티치
은사(2)

새틴
스티치
DMC E818(1)

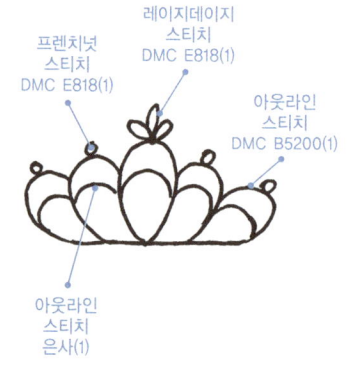

프렌치넛
스티치
DMC E818(1)

레이지데이지
스티치
DMC E818(1)

아웃라인
스티치
DMC B5200(1)

아웃라인
스티치
은사(1)

레이지데이지
스티치
로사울사 흰색

스플릿
스티치
은사(2)

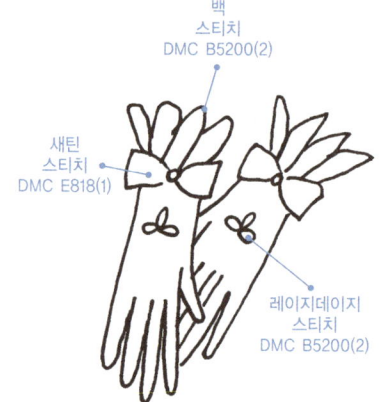

백
스티치
DMC B5200(2)

새틴
스티치
DMC E818(1)

레이지데이지
스티치
DMC B5200(2)

라푼젤

긴 머리의 상징, 라푼젤.

마녀 때문에 출구 없는 탑에 갇힌 라푼젤은

아름다운 노랫소리와 긴 머리카락으로 결국 왕자와 만나게 됩니다.

나만의 매력을 찾아내고 가꾸는 일은

나와 내 환경을 변화시킬 수 있는 희망이 되리라 믿습니다.

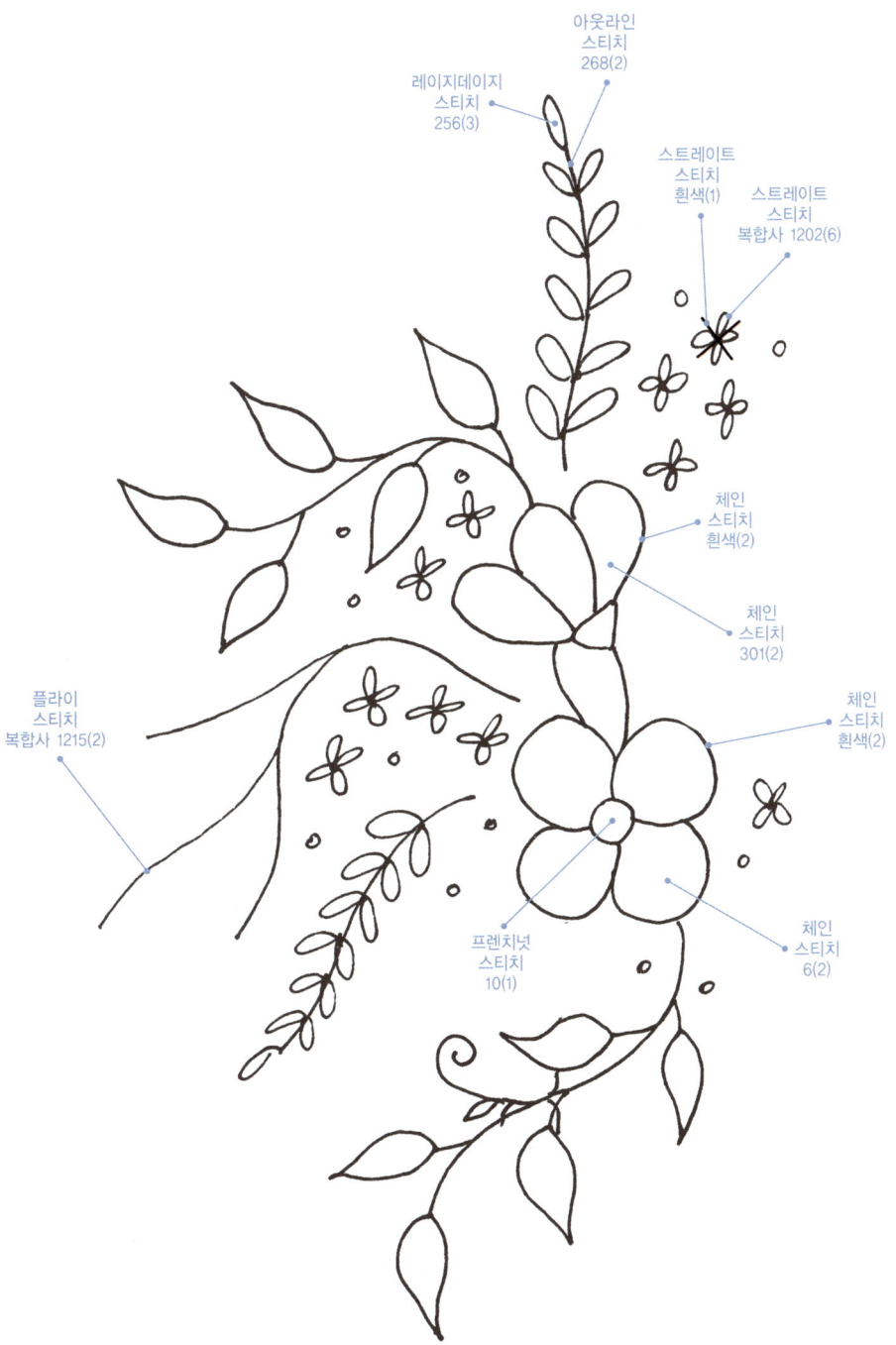

아웃라인
스티치
268(2)

레이지데이지
스티치
256(3)

스트레이트
스티치
흰색(1)

스트레이트
스티치
복합사 1202(6)

체인
스티치
흰색(2)

체인
스티치
301(2)

체인
스티치
흰색(2)

플라이
스티치
복합사 1215(2)

프렌치넛
스티치
10(1)

체인
스티치
6(2)

스파이더웹로즈
스티치
6(6)

백
스티치
401(1)

백
스티치
245(1)

레이지데이지
스티치
245(1)

백
스티치
401(1)

아웃라인
스티치
874(2)

아웃라인
스티치
264(1)+879(1)

플라이리프
스티치
흰색(2)

체인
스티치
254(2)

프렌치넛
스티치
302(1)

체인
스티치
292(2)

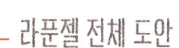

이상한 나라의 앨리스

몸이 찻잔처럼 작아지기도 하고 말하는 꽃들이 있고

시계 들고 바쁘게 뛰어다니는 토끼와 카드병정들이 있던 신기하면서도 이상한 나라.

그곳에 나도 한번 가보고 싶기도 했었지요.

앨리스가 한 말 중에 마음에 들었던 말,

"내 기분은 내가 정해. 오늘 나는 행복으로 할 거야."

내 기분은 내가 정할 수 있는 건데 가끔 그걸 잊고 살았습니다.

새틴
스티치
149(2)

아웃라인
스티치
149(2)

스플릿
스티치
306(2), 311(2), 313(2)

백
스티치
152(1)

롱앤숏
스티치
1089(2), 1090(2)

백
스티치
152(1)

새틴
스티치
149(2)

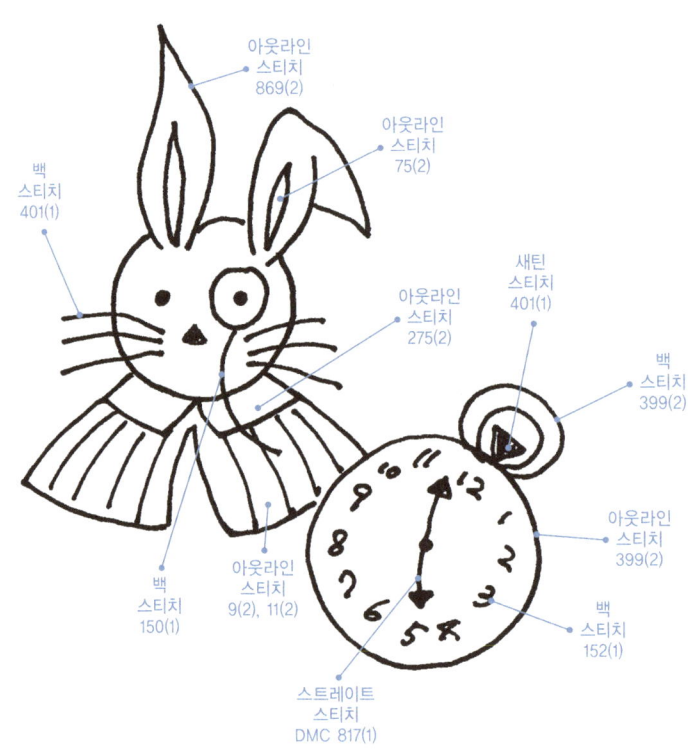

아웃라인
스티치
869(2)

아웃라인
스티치
75(2)

백
스티치
401(1)

새틴
스티치
401(1)

아웃라인
스티치
275(2)

백
스티치
399(2)

아웃라인
스티치
399(2)

백
스티치
150(1)

아웃라인
스티치
9(2), 11(2)

백
스티치
152(1)

스트레이트
스티치
DMC 817(1)

아웃라인
스티치
279(2)

새틴
스티치
189(2)

롱앤숏
스티치
185(2), 187(2), 189(2)

새틴
스티치
DMC 817(2)

아웃라인
스티치
검정색(1)

아웃라인
스티치
399(2)

프렌치넛
스티치
빨강(2)

새틴
스티치
DMC 817(2)

173

플랫
스티치
76(2)

프렌치넛
스티치
311(2)

아웃라인
스티치
269(2)

아웃라인
스티치
266(2)

Pinocchio

피노키오

나무로 만든 피노키오는 사람아이가 되고 싶어 합니다.

나무인형에서 사람으로, 아이에서 어른으로,

철없는 어른에서 지혜로운 어른으로 변하는 것은 쉬운 일이 아니지요.

거짓말을 하면 코가 길어지는 벌도 받고

홀로 그네에 앉아 나 자신을, 앞으로의 나를

생각해보는 시간들이 쌓여야겠지요.

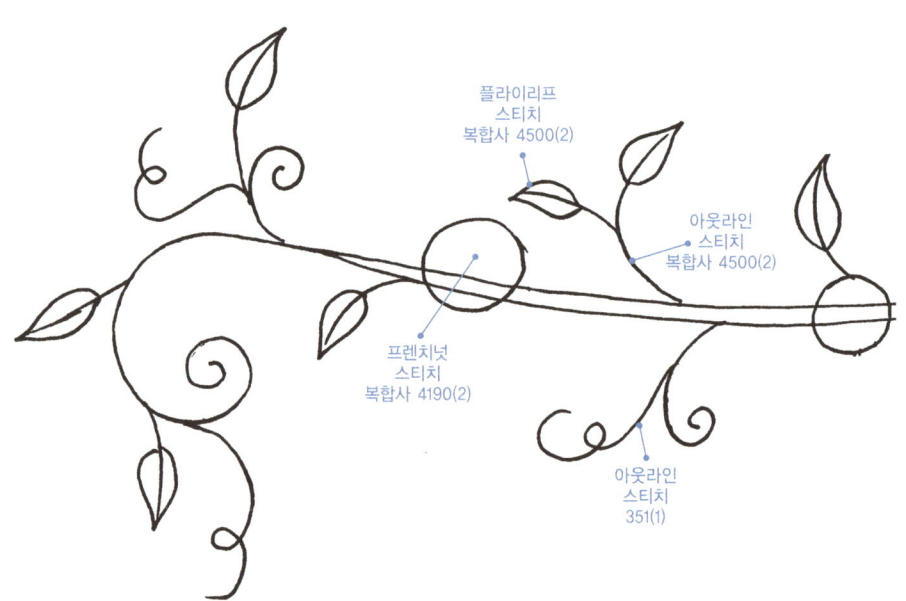

플라이리프
스티치
복합사 4500(2)

아웃라인
스티치
복합사 4500(2)

프렌치넛
스티치
복합사 4190(2)

아웃라인
스티치
351(1)

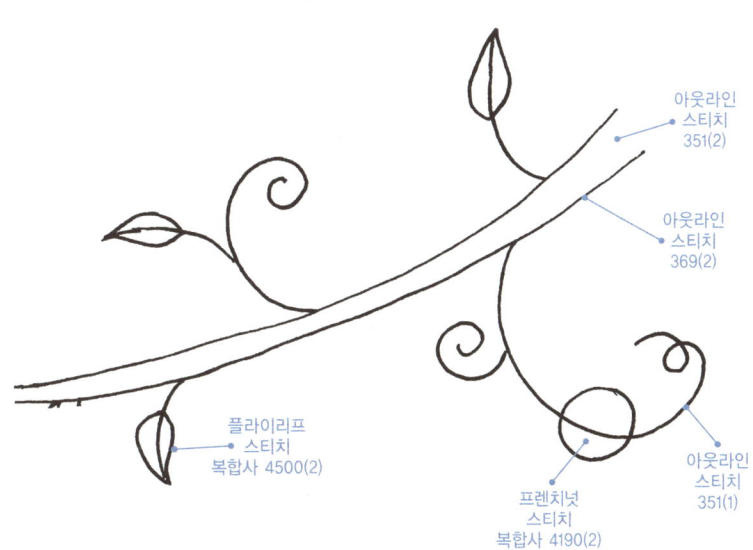

아웃라인
스티치
351(2)

아웃라인
스티치
369(2)

플라이리프
스티치
복합사 4500(2)

프렌치넛
스티치
복합사 4190(2)

아웃라인
스티치
351(1)

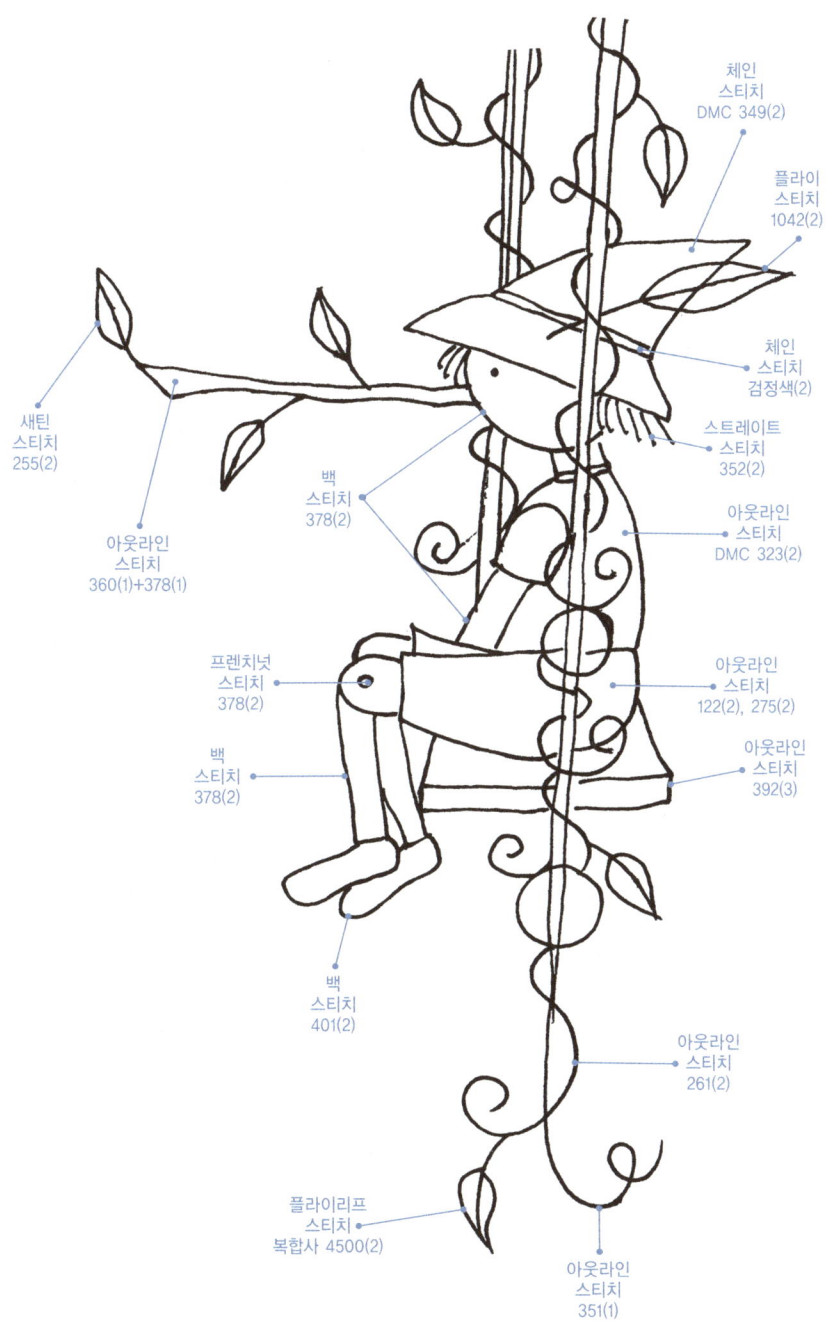

체인
스티치
DMC 349(2)

플라이
스티치
1042(2)

체인
스티치
검정색(2)

스트레이트
스티치
352(2)

아웃라인
스티치
DMC 323(2)

새틴
스티치
255(2)

백
스티치
378(2)

아웃라인
스티치
360(1)+378(1)

프렌치넛
스티치
378(2)

아웃라인
스티치
122(2), 275(2)

아웃라인
스티치
392(3)

백
스티치
378(2)

백
스티치
401(2)

아웃라인
스티치
261(2)

플라이리프
스티치
복합사 4500(2)

아웃라인
스티치
351(1)

The Nutcracker

호두까기 인형

사람들이 모두 잠들면 깨어나는 장난감 인형들.

무서운 기분보다는 그러니 더 소중하게 잘 갖고

놀아야겠다고 생각했습니다.

호두는 망치로만 깨어 먹는 줄 알았는데

호두를 까는 인형이라는 것을 누가 발명했는지 참 신기했지요.

호두까기 인형으로 깨어 먹는 호두는 왠지 더 맛있을 것만 같습니다.

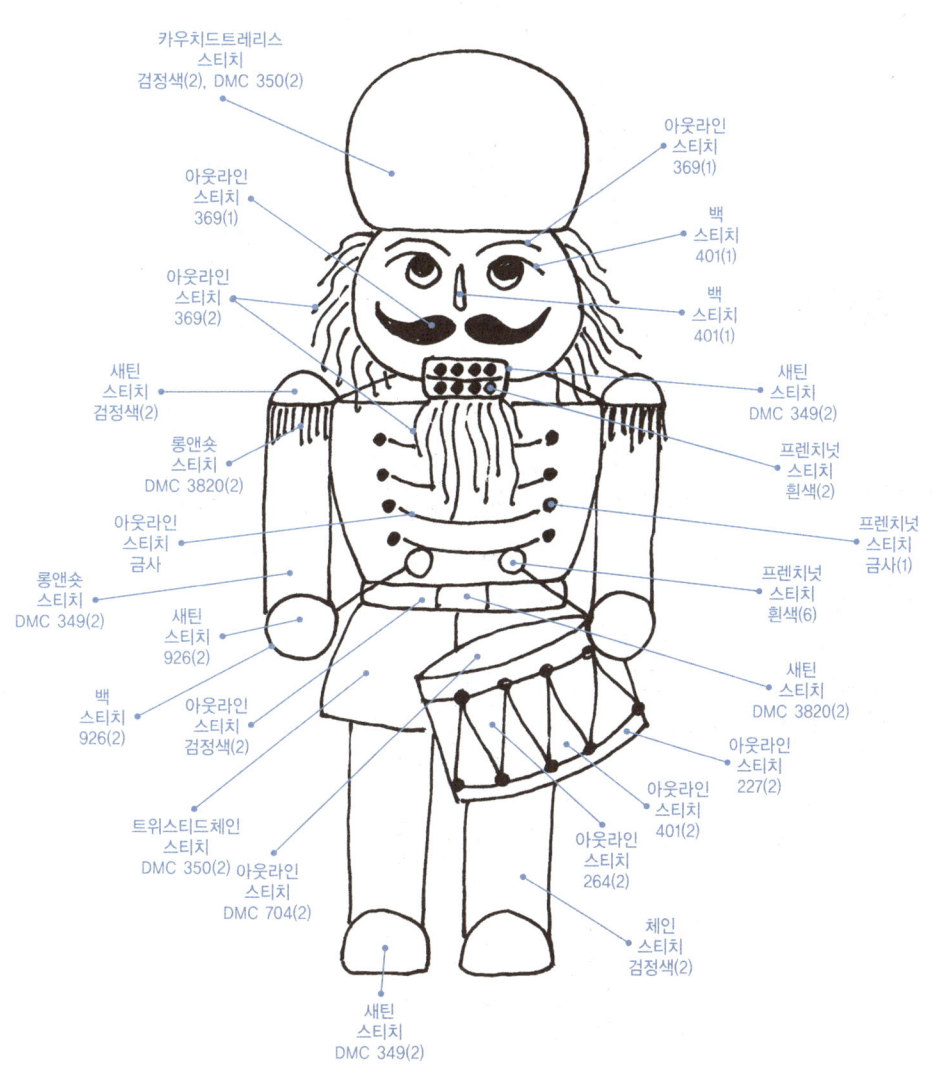

카우치드트레리스
스티치
검정색(2), DMC 350(2)

아웃라인
스티치
369(1)

아웃라인
스티치
369(1)

백
스티치
401(1)

아웃라인
스티치
369(2)

백
스티치
401(1)

새틴
스티치
검정색(2)

새틴
스티치
DMC 349(2)

롱앤숏
스티치
DMC 3820(2)

프렌치넛
스티치
흰색(2)

아웃라인
스티치
금사

프렌치넛
스티치
금사(1)

롱앤숏
스티치
DMC 349(2)

프렌치넛
스티치
흰색(6)

새틴
스티치
926(2)

새틴
스티치
DMC 3820(2)

백
스티치
926(2)

아웃라인
스티치
검정색(2)

아웃라인
스티치
227(2)

트위스티드체인
스티치
DMC 350(2)

아웃라인
스티치
401(2)

아웃라인
스티치
DMC 704(2)

아웃라인
스티치
264(2)

체인
스티치
검정색(2)

새틴
스티치
DMC 349(2)

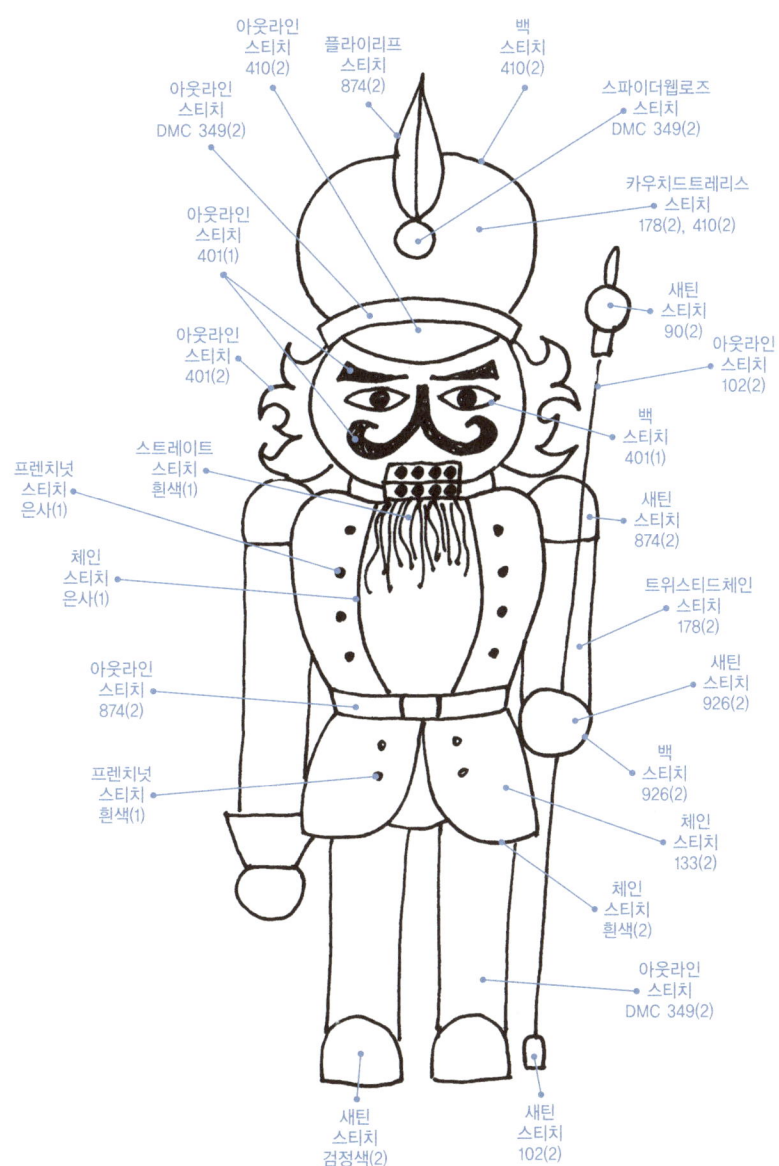

아웃라인
스티치
410(2)

플라이리프
스티치
874(2)

백
스티치
410(2)

스파이더웹로즈
스티치
DMC 349(2)

아웃라인
스티치
DMC 349(2)

카우치드트레리스
스티치
178(2), 410(2)

아웃라인
스티치
401(1)

새틴
스티치
90(2)

아웃라인
스티치
102(2)

아웃라인
스티치
401(2)

백
스티치
401(1)

스트레이트
스티치
흰색(1)

새틴
스티치
874(2)

프렌치넛
스티치
은사(1)

체인
스티치
은사(1)

트위스티드체인
스티치
178(2)

새틴
스티치
926(2)

아웃라인
스티치
874(2)

백
스티치
926(2)

프렌치넛
스티치
흰색(1)

체인
스티치
133(2)

체인
스티치
흰색(2)

아웃라인
스티치
DMC 349(2)

새틴
스티치
검정색(2)

새틴
스티치
102(2)

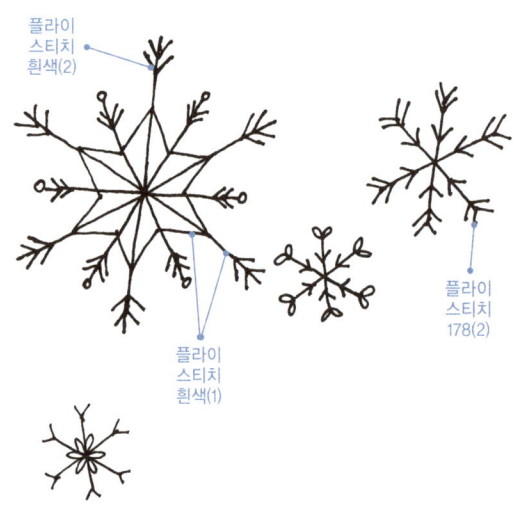

플라이
스티치
흰색(2)

플라이
스티치
흰색(1)

플라이
스티치
178(2)

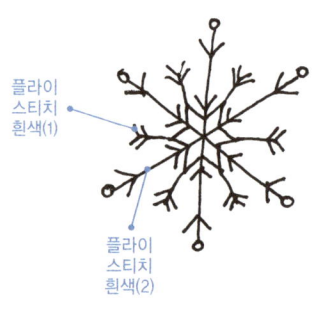

플라이
스티치
흰색(1)

플라이
스티치
흰색(2)

플라이
스티치
178(1)

인어공주

불꽃 축제가 있던 왕자의 생일날 밤

인어공주는 멀리서 왕자를 처음 보게 됩니다.

왕자와 사랑을 이루지 못하고

물거품으로 사라지는 마지막을 알아서일까요?

인어공주의 뒷모습이 왜 한없이 슬퍼 보일까요.

프렌치넛
스티치
25(1)

아웃라인
스티치
305(2)

레이지데이지
스티치
265(1)

아웃라인
스티치
DMC 988(1)

아웃라인
스티치
187(1)

백
스티치
152(1)

프렌치넛
스티치
DMC 3825(3)

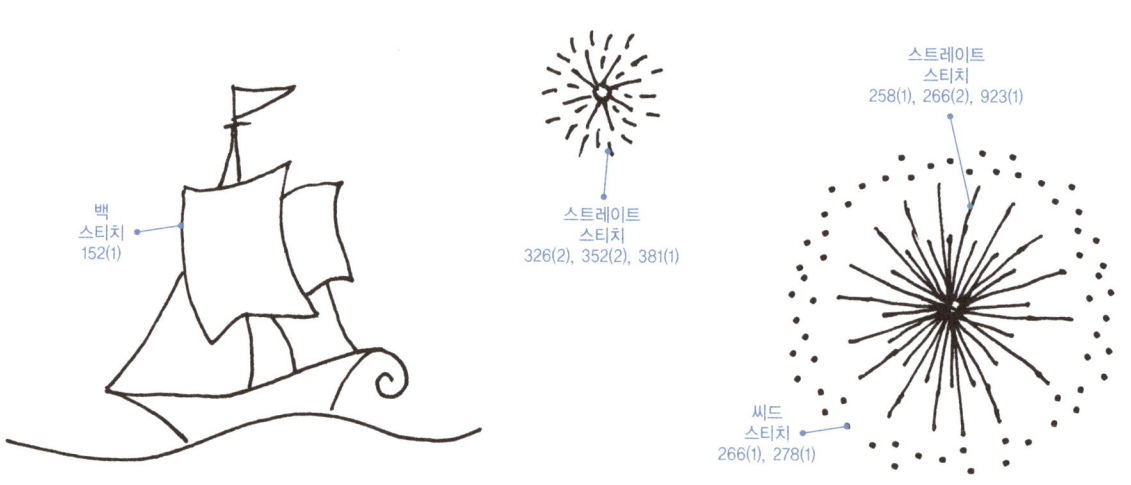

백
스티치
152(1)

스트레이트
스티치
326(2), 352(2), 381(1)

스트레이트
스티치
258(1), 266(2), 923(1)

씨드
스티치
266(1), 278(1)

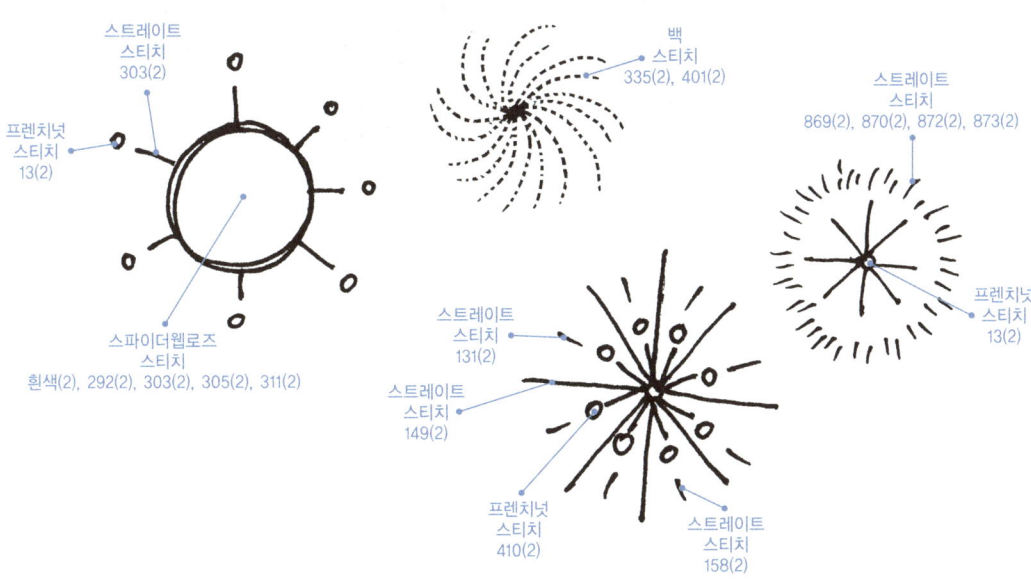

스트레이트
스티치
303(2)

프렌치넛
스티치
13(2)

스파이더웹로즈
스티치
흰색(2), 292(2), 303(2), 305(2), 311(2)

백
스티치
335(2), 401(2)

스트레이트
스티치
869(2), 870(2), 872(2), 873(2)

프렌치넛
스티치
13(2)

스트레이트
스티치
131(2)

스트레이트
스티치
149(2)

프렌치넛
스티치
410(2)

스트레이트
스티치
158(2)

레이지데이지
스티치
243(1)

아웃라인
스티치
245(1)

스파이더웹로즈
스티치
20(2)

플라이리프
스티치
245(1)

스파이더웹로즈
스티치
11(2)

레이지데이지
스티치
11(2)

레이지데이지
스티치
243(2)

플라이리프
스티치
923(1)

레이지데이지
스티치
20(2)

스파이더웹로즈
스티치
DMC 817(2)

플라이리프
스티치
243(1)+245(1)

플랫
스티치
265(2)

레이지데이지
스티치
265(2)

플랫
스티치
11(1)

플라이리프
스티치
245(2)

레이지데이지
스티치
265(2)

레이지데이지
스티치
13(2)

아웃라인
스티치
13(1)

레이지데이지
스티치
11(2)

레이지데이지
스티치
245(2)

프렌치넛
스티치
10(2)

스파이더웹로즈
스티치
20(2)

레이지데이지
스티치
DMC 817(2)

레이지데이지
스티치
923(1)

레이지데이지
스티치
11(2)

아웃라인
스티치
245(1)

레이지데이지
스티치
923(1)

레이지데이지
스티치
10(2)

아웃라인
스티치
245(1)

플라이리프
스티치
243(1)

플랫
스티치
10(1)

플라이리프
스티치
DMC 817(1)

플라이리프
스티치
243(2)

스파이더웹로즈
스티치
DMC 817(2)

특별 부록

표지 제목
자수

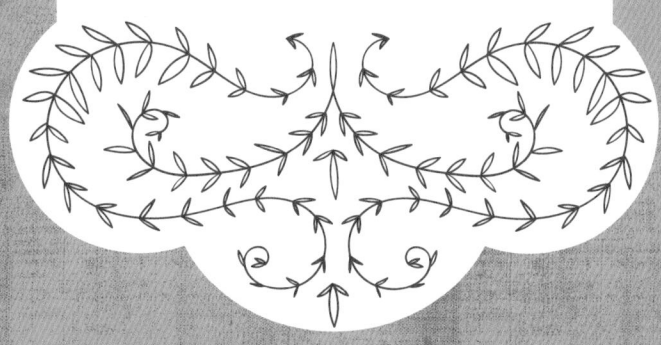

표지 제목

동화로 만나는 프랑스자수

인기 있는 자수 도안들 중 하나죠. 알파벳 자수!

알파벳만 도안화한 자수책들도 많이 발간되었고요.

한글도 예쁘게 수놓아보고 싶었습니다.

"동화로 만나는 프랑스자수"

제목처럼 재미있고 아름답고 환상적인 동화의 느낌을

한글의 표지 제목에 그대로 표현해보고 싶었습니다.

그림으로 자음, 모음을 한획 한획 실로 그려본 한글.

영어의 알파벳보다 더 예쁘지 않나요?

표지 제목 자수의 도안과 설명을 특별 부록으로 이 책에 수록했습니다.
여기에 사용한 스티치 기법에는 이 책에서 소개하지 않은 것이 일부 포함되어 있습니다.
다양한 색상의 자수실 중에서 자신이 원하는 색을 골라 자유롭게 수놓아보도록
자수실 색상 번호를 표기하지 않았습니다.

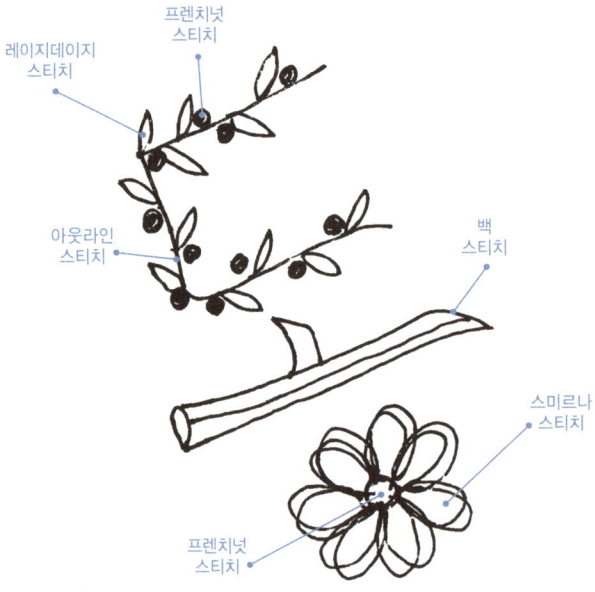

레이지데이지
스티치

프렌치넛
스티치

아웃라인
스티치

백
스티치

스미르나
스티치

프렌치넛
스티치

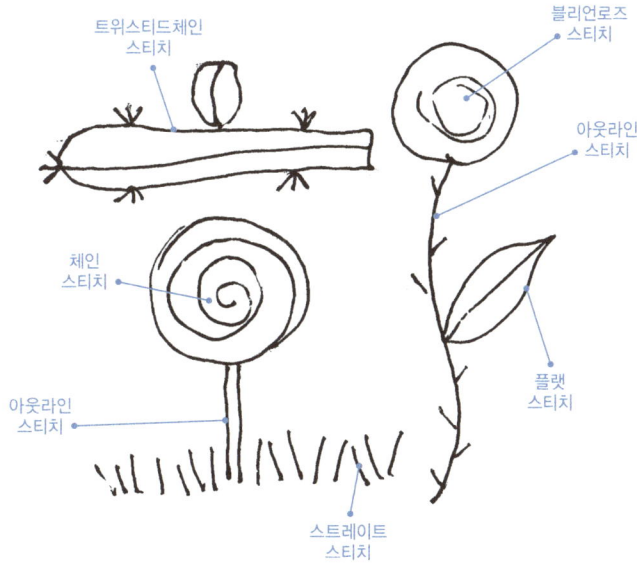

트위스티드체인
스티치

블리언로즈
스티치

아웃라인
스티치

체인
스티치

아웃라인
스티치

플랫
스티치

스트레이트
스티치

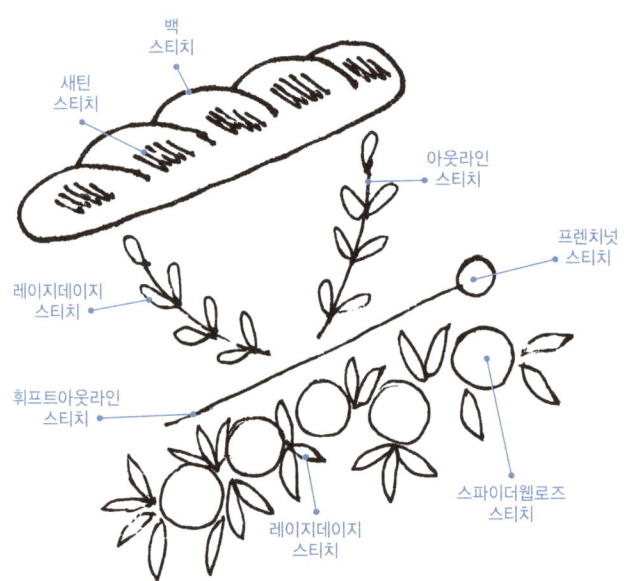

백
스티치

새틴
스티치

아웃라인
스티치

프렌치넛
스티치

레이지데이지
스티치

휘프트아웃라인
스티치

레이지데이지
스티치

스파이더웹로즈
스티치

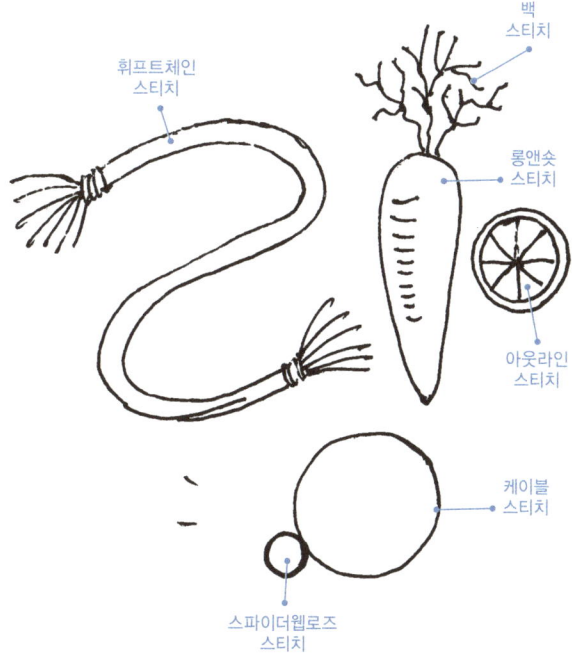

백
스티치

휘프트체인
스티치

롱앤숏
스티치

아웃라인
스티치

케이블
스티치

스파이더웹로즈
스티치

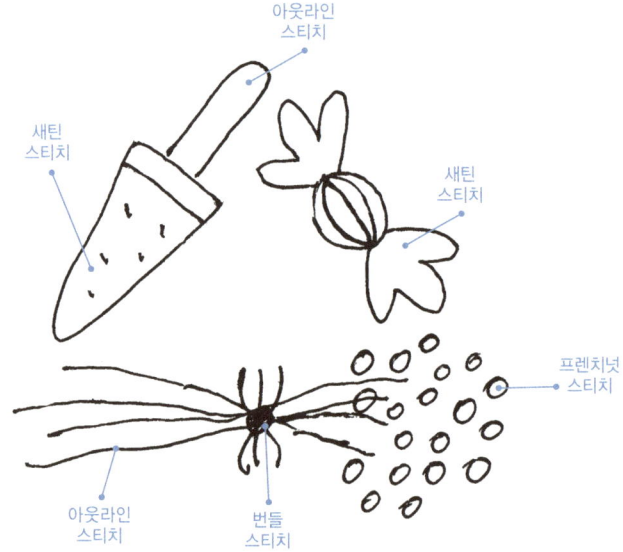

아웃라인
스티치

새틴
스티치

새틴
스티치

프렌치넛
스티치

아웃라인
스티치

번들
스티치

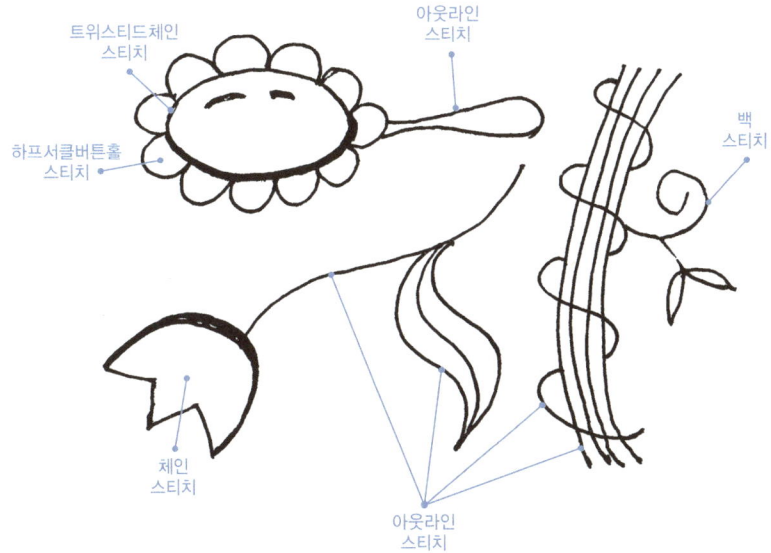

트위스티드체인
스티치

아웃라인
스티치

하프서클버튼홀
스티치

백
스티치

체인
스티치

아웃라인
스티치

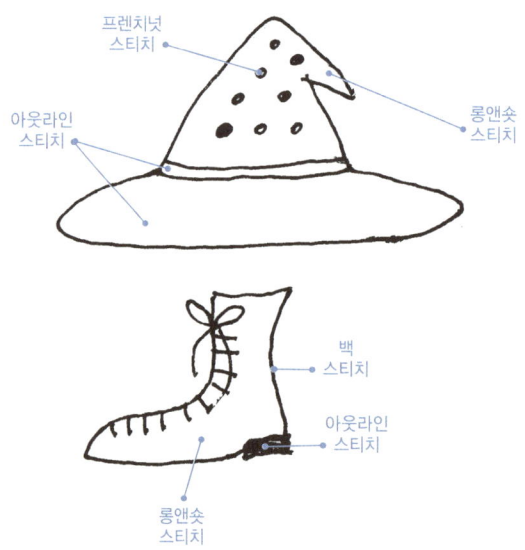

프렌치넛
스티치

롱앤숏
스티치

아웃라인
스티치

백
스티치

아웃라인
스티치

롱앤숏
스티치